溝通表達勝經

談判溝通超業培訓師
鄭立德◎著

溝通X表達X談判X銷售X服務X領導X團隊X正念
談判溝通超業培訓師的關鍵31力

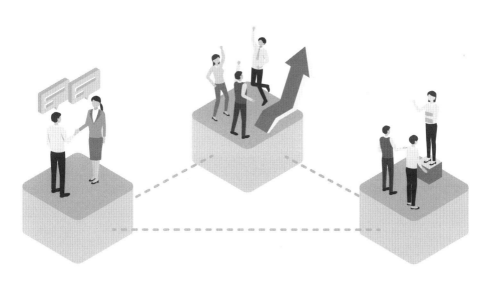

自序 | **溝通是核心，表達是王道，我教的是人性**

　　70 歲的老爸幫獨子買房子，去銀行辦理房貸繳費，等了老半天終於輪到他（一肚子火氣）。銀行理專：「先生，請問您是季付，還是月付？」老先生一聽就爆發了：「我不是『繼父』，也不是『岳父』，我是……『父親』（大聲怒吼）！」「好的。」理專便在房貸申請表的「付清」打勾。

　　※ **領悟**：人與人之間的誤會或衝突，往往在於我以為他聽明白了、他以為我知道了、我們都以為對方懂了。啊！多麼痛的領悟！

　　雙北公車的學生票價 12 元。一個炎熱的下午，一位研究生趕上冷氣開很強的公車，滿身大汗，投了 10 塊錢。司機說：「兩塊！」（再投 2 元）研究生說：「沒錯，真是『涼快』。」

　　司機又說：「投兩塊！」研究生笑說：「不光是『頭涼快』，全身都很涼快。」說完就往後頭走。司機大喊：「錢投兩塊！」研究生說：「我覺得『後頭』人少更涼快。」司機愣呆了，全車的人都笑翻了。

　　※ **領悟**：溝通不到位，努力全白費。生活中的溝通表達常常是「當局者迷，旁觀者清」。

　　什麼是「**溝通**」？什麼是「**表達**」？很多人不會溝通、

不善表達，空有熱情的想法，卻缺乏智慧的言語，往往吃虧吃很大！為什麼我經常溝通不良、有溝沒通？為什麼我很容易辭不達意、言不由衷？為什麼我總是有理說不清、好心被雷劈……怎樣才能有效溝通？如何才能清楚表達？

如果以上問題常出現在你腦海或心中，發生在你的生活或工作，是你人生的真實寫照，讓你感到徬徨遲疑、無能為力，打開這本書仔細閱讀，勤於練習、善加運用，31 天內就能有效改善現況，大幅提升你的溝通表達力，到時你一定會感謝現在的自己，選擇了一本有趣有用、簡單易懂的好書。

我是談判溝通超業培訓師——Leader 鄭立德，我從事教育培訓、銷售輔導工作 20 年，主講談判、溝通、服務、銷售、表達、領導、團隊、正念，幫助學員專業精進、增加自信、解決問題、提升業績！樂活，是我做培訓的核心價值。

2019 年 8 月，我在布克文化出了第一本書《談判力，就是你的超能力》，藉由 30 個真實生活及工作中的談判案例，和 15 部電影及陸劇的談判故事，加上 10 首詩詞的談判藝境，將理論結合實務，教讀者：**不求全拿，但得更多；學習雙贏談判力，越談越有利！**

2020 年疫情來襲，「城邦微學習」幫我出版線上音頻課——《洞悉人性的雙贏溝通術》。懂得談判技巧、了解真實人性，幫助學員「正面、良好、有效地溝通」，創造雙贏局面，獲取最大利益！

2021 年 1 月，北京的中國友誼出版公司發行我的第一本簡體版書《談判的力量》，在大陸當當網「商務溝通類」的暢銷排行榜，2021 全年排行第五名。

2021 年 8 月，在布克文化出版我的第二本書《超業筆記：銷售力，就是你的免疫力》。將我多年來「自己做業務，教人做業務，帶人做業務，看人做業務」的銷售經驗及教學心得，匯集成「鄭立德的銷售八講」，培養讀者的「**正向銷售力**」，鍛鍊讀者的「**銷售超能力**」。

從講師到作家，我的寫作歷程從「雙贏談判力」出發，歷經後疫時代的「成功銷售力」，現在回到最核心的原點：「**溝通表達力**」。我很喜歡電影《魔戒》三部曲，而這就是我寫書的第三部曲。

✊ 先談談「溝通」這件事

卡內基的溝通課程，影響全球超過一百年，因為「溝通」一直很重要，但是人們也一直學不會、學不好，「**不批評，不責備，不抱怨**」，其實，沒那麼簡單！

溝通、銷售和談判，在我看來，是本質相同、層次不同的課題。無論談判或銷售時，千萬別忘了：最根本的是「**溝通**」！不會溝通，很難銷售，更遑論談判。

臉書是當代重要的網路社群網站，但它的創辦人馬克・祖克柏（Mark Zuckerberg）卻因其生硬的談話方式，常被網路

鄉民譏諷是機器人，當被記者採訪問到「自己是否為臉書的最佳代言人」時，他說：「從以前到現在，我一直很難表達自己。我知道我看起來就像機器人，這是我正在努力的事，為了經營這間公司，我需要讓我的溝通技巧更好一點。」

現代管理學之父彼得・杜拉克（Peter Drucker）說過：「願意溝通，直到你被了解為止。」、「一個人必須知道該說什麼？什麼時候說？對誰說？怎麼說？」管理大師不斷提醒我們，「溝通」真的很重要！你覺得呢？

✊ 關於「表達」這件事

光陰似箭，時光荏苒，人生過得很快。轉眼回頭看看那個剛上板橋國小一年級的我，彷彿正站在臺上，對全校演講！至於為什麼是我？站上講臺有沒有發抖？演講的主題內容是什麼？聽眾反應如何？我全都忘了！只記得我有上臺，沒有暈倒，順利平安地開心講完，然後下臺一鞠躬。

參加學校的作文隊、演講隊、朗讀隊及各項跟「表達」有關的比賽，是我年少時光深刻的記憶。尤其在一次學習成績單上，老師給我的評語是：「品學兼優，但很愛說話。」九個字，讓我被老媽斥責，罰站又挨打，從那時候我就發現：**「語言，是有力量的！」**

剛退伍時，在國泰人壽從事組訓工作的那些年，我每天都要上臺主持早會，面對 100 多位業務菁英侃侃而談。對我

而言，這遠比當兵每天跑一萬公尺，和練習戰鬥刺槍術容易許多，自然不以為苦，上臺表達，跟跑步和刺槍術一樣──「**練習**」才是王道！

在台新金控擔任培訓講師的那些年，我的學員包括銀行理專、各大農會信合社的行員、保經代的業務夥伴，以及來參加「銀行客說會」的客戶──顧客，永遠是最好、最親切的聽眾。

成立力得企管顧問公司轉型為專職講師的這些年，面對更多不同產業的學員，我發現無論各行各業、不分男女老幼、不管學歷高低或社會歷練多寡……，大多數的人都害怕上臺表達這件事。我曾經問學員，為何害怕上臺？不願意上臺？答案不外乎是：

「怕丟臉」、「怕被笑」、「怕講不好」、「沒準備」、「沒準備好」、「沒自信」、「沒勇氣」、「不知道要說什麼」、「不知道要怎麼說」、「個性內向害羞」、「天生不擅長說話」、「口齒不清」、「害怕面對聽眾」、「覺得觀眾好可怕」、「一上臺腿會不由自主地發軟」、「看到臺下這麼多人就說不出話來」、「一上臺腦袋就一片空白，準備好的內容瞬間煙消雲散」、「講到一半常常會忘詞」、「該講的沒講到，不該講的都講了」、「本來要講 A，結果講到 B」、「一上臺就四肢僵硬，冷汗直流，心跳加快，臉色發白」、「要我上臺不如殺了我比較快」……

　　長久以來，我很想幫助許多有以上症狀、苦於表達力無法加強提升的大小朋友們，本書應運而生。尤其是小朋友，若家長不能送孩子去參加「小小主播營」或是其它費用較高的表達訓練課程，相信這本書可以讓孩子們有效提升表達力，不要輸在起跑點。這本書，我教的不只是上臺表達技法，也教心法！身為一個六歲孩子的老爸，這本書，寫給我兒子，也寫給您的孩子。

　　宋代禪宗大師青原行思提出參禪的「三重境界」：

　　參禪之初，「看山是山，看水是水」；

　　禪有悟時，「看山不是山，看水不是水」；

　　禪中徹悟，「看山仍是山，看水仍是水」。

　　「參禪」跟人生很多道理是一樣的，我教學多年，既教且學，教學相長。

　　無論談判、銷售或表達溝通，剛開始學的時候，可能各有心法和技法，是三大學習主題，但學到最後你會發現，其中奧妙精髓是連貫相通的：**溝通是核心，表達是王道，我教的是人性**。

　　感謝生活中的每一課，珍惜生命中的每一刻！

　　用我的前半生寫這本書，整理過去 20 多年在課堂上、職場中及人生路上「**有效溝通力**」和「**上臺表達力**」的精華要點，一次有系統地完整呈現，加量不加價，誠心與您分享。

目次

自序中提到這本書是我的第三部曲，在這裡做個簡單的歸納與說明，什麼是談判、銷售、溝通與表達？

- **談判**：為了解決問題、創造利益所共同決策的過程。（請參考首部曲《談判力，就是你的超能力》）

- **銷售**：提供產品和服務，以滿足客戶需求與利益，或解決客戶問題的行為。（請參考二部曲《超業筆記：銷售力就是你的免疫力》）

- **溝通**：讓對方覺察、知道、了解、接受我的認知、觀念、價值觀或內心真正想法，依「溝通主體」又可分為單向溝通、雙向溝通和多方溝通。

- **表達**：讓對方覺察、知道、了解、接受我的認知、觀念、價值觀或內心真正想法的各種方法。

進一步說明，「**溝通**」的兩大課題包括：

1. **內在溝通**：自我溝通的內心對話。自己跟自己談，傾聽自己的聲音，向內探索，形成想法或做法。

2. **外在溝通**：與他人溝通的內容和形式。包括：文字語言、聲音語調和肢體動作。

「**表達**」是運用語言或非語言向他人「表現傳達」某種想法或理念。

「**表達力**」是一個人把自己的思想、情感、意圖、內涵……，用語言、文字、聲音、圖像、表情或動作呈現出來，讓他人接收、知曉、理解、體會或掌握的能力。

良好的表達力不僅跟語言能力或非語言能力有關，也與表達者自身的文化知識和社會閱歷有密切關係。「見人說人話，見鬼說鬼話」未必是貶義，而是教我們說話要因時、因地、因事、因人而異，才能說話得體，觸動人心！

表達可以用說的或用唱的（讓對方聽到）──有人說的比唱的好聽，用寫的、用畫的（讓對方看到），或是用演的（讓對方聽到＋看到＋感覺到）！

本書的四大特色：

1. 匯整「溝通」與「表達」正確的技巧、方法、心態與價值觀，總結框架出有效溝通、精彩表達的「關鍵 31 力」，讓你在 31 天內，每天輕鬆讀一力，增強溝通表達力。

2. 串連融合「溝通」與「表達」兩大主題，以聊天說故事的方式，讓你彷彿輕鬆有趣地一次上完有用有條理的 31 堂課，迅速有效提升你的溝通力與表達力。

3. 每一篇最後都有 QA，幫你聆聽內在小聲音，找到答案或解決方案。不只溝通表達，讀完本書，對於談判

力、銷售力、服務力、領導力、團隊力及正念力的培養精進，一定會讓你有喜出望外的成果與助益。

4. 這本書不只教你如何表達，也將作者多年親身體驗並教授學員上臺表達力的精華重點，清晰、簡潔、有力地與讀者分享。讓你有備而來，精彩上臺！

　　這本書不會教你「如何 30 秒讀懂人心」，也不會幫你「瞬間建立親和感」，更不會強調「一開口就讓別人聽你的」，但可以「使生命更豐盛，讓生活更開心」！

這本書，獻給每一位「在溝通中迷惘，在表達時徬徨」的你！

這本書，獻給每一位希望「溝通無礙，表達自然」的你！

這本書，獻給每一位追求「溝通更有效，表達更精彩」的你！

這本書，獻給我今年 84 歲的母親和 6 歲的兒子。

感謝有你們的支持鼓勵，我愛你們！

　　這本書，獻給在教育培訓專業講師崗位上，繼續懷抱夢想，助人助己，堅持努力的自己！

　　沒有最好，只有更好，一定會更好，我們一起加油！

01 正向的力量

常聽說做人要「正向思考」，要有「正向信念」，要抱持「正向態度」，才能擁有「正向的力量」和光明的未來。究竟什麼是「正向」呢？

🤜 一切都是最好的安排

漢朝邊塞地區有一戶善於養馬的人家。某天，家中的馬兒忽然跑到胡人的住地去了，人們都來安慰他們。父親卻不在意地說：「沒什麼好難過的，怎知這不會是一種好運呢？」

過了幾個月，那走失的馬居然帶著胡人的駿馬回來，鄰人都來道賀。但是父親卻說：「不必太高興，怎知這不會是一場災禍呢？」

他家中有很多好馬，兒子也喜歡騎馬，不久後，兒子在騎那匹胡人的駿馬時跌斷了腿，鄰人又前來慰問他們一家。父親說：「怎知這不是我們的一種福氣呢？」

過了一年，胡人大舉入侵邊境一帶，壯年男子都拿起弓箭去作戰，靠近邊境一帶的住戶，大多數人不幸戰死，兒子

卻因為瘸腿的緣故免於征戰，父子皆保全了性命。所以福可以轉化為禍，禍也可變化成福，這種變化不可預料，這就是「塞翁失馬，焉知非福」的典故。用來比喻雖然暫時受到損失，卻因禍得福。也可以解釋為一時的不順、挫折、困難、險阻和逆境，都只是化了妝的祝福，要繼續努力，毋須太在意。

換句話說：「**一切都是為了最好做準備。**」

臺灣奧運舉重金牌女將郭婞淳常用「一切都是最好的安排」這句話來安慰自己、勉勵自己，她總是心懷感激，樂於助人，讓她每每都能突破難關，勇奪金牌。這，就是正向的力量！

羽球天后戴資穎在取得博士學位時，說了以下這段話：「運動固然很辛苦，課業也絕對不可以放棄，在增長知識的同時，對自己的運動生涯也會有幫助，可以用更科學的角度去解決遇到的難題。當你遇到困難時，可以哭、可以難過，但絕對不可以放棄，相信自己，堅持下去，才會在回頭看時不後悔，人生只有一次，我們一起加油！」

當然，不是正向的人就可以拿到世界第一，但正向的人通常比較能與人溝通，建立親和感，以上兩位世界一姐級的臺灣頂尖運動員，正面形象深植人心，就是最好的見證。

我們常告訴自己或安慰別人「多往好處想」、「別想那麼多」、「明天的太陽依舊會升起」，你覺得有用嗎？答案

不好說！而廣義的「正向」就是：**珍惜擁有，活在當下。存好心，說好話，做好事；看得遠，看得廣，看得開，凡事盡量能淡然釋懷！**

人們通常比較喜歡或願意跟積極正向的人相處，覺得他們比較容易溝通。而良好的溝通，需要正向的心態；精彩的表達，同樣要有正向的力量，才能先安定穩定自己的心，再打動別人的心！

2022 年 9 月 8 日過世、享耆壽 96 歲、在位 70 年備受世人尊崇景仰的英國女王伊麗莎白二世（Elizabeth II），帶領英國人民走過許多充滿希望與黑暗的年代。

英國歷史學家指出：「身為女王位高權重，但她完全沒有自大、炫耀、浮誇或目中無人這些缺點，她對小小挫折一笑置之，然後繼續堅持下去。」

卸下王冠，伊麗莎白女王就只是一個愛家心切的母親，她從不把自己看得太偉大，不給自己太多的枷鎖，女王說過：「別對自己太嚴苛！世上沒有人通曉一切智慧。」即使在公眾場合，想笑就笑，想哭就哭，女王的長壽祕訣就是：**擁有一顆樂觀開朗的心。**這就是正向的力量！

✊ 正向處理壓力的方法

戴爾・卡內基（Dale Carnegie）是美國著名的「人際關係學」大師，被譽為 20 世紀成人教育先驅。卡內基說：「不

批評、不責備、不抱怨。」雖然很多學員心裡的 OS 也許是「不可能」，但這也是一種正向的力量，抱持正向的溝通心態，減少負面的攻擊和言語，找到更有效的溝通方式，增進人際關係，解決問題而不是製造更多的衝突或問題。

卡內基的「正向處理壓力準則」教我們在面對問題時：

- 問自己，可能發生的最壞狀況是什麼？
- 準備接受最壞的情況。
- 設法改善最壞的狀況。

舉例來說，害怕上臺表達的人，可以問問自己這三個問題：

1. 若真的講不好，臺下的人會站起來口出惡言羞辱你？丟雞蛋或石頭？還是拿刀衝上來砍人？（這樣說會不會有點誇張？）
2. 講不好，最壞的狀況可能是：被聽眾笑罵，沒有掌聲只有噓聲，形象受損，覺得丟臉，不受尊重與信任，或是被老闆 fire。問自己：「還能活著嗎？還能做人嗎？能欣然接受或勇敢承擔嗎？」
3. 怎樣可以改善或避免？充分準備，不斷練習，好好從這本書中學習正確有效的表達心態、技巧和方法就對了！

生活中，怎樣跟自己溝通、如何跟自己對話，決定和影響你的心情或命運。

　　盡量說「**還好**」、「**幸虧**」、「**好加在**」、「**這樣也好**」、「**沒什麼好怕的**」、「**沒什麼大不了**」、「**真是老天保佑**」；避免說「如果」、「要是」、「慘了」、「早知道」、「沒想到」、「真後悔」、「完蛋了」、「都怪你」、「都是你的錯」、「都怪我不好」、「怎麼會這樣」。

　　努力你可以努力的，接受你無法改變的，淡化你曾經失去的，珍惜你目前擁有的，若真做不到「坦然面對，欣然接受」⋯⋯那就算了吧，也許是時候未到！

　　法鼓山的聖嚴法師鼓勵我們在遇到挫折、失敗、不如意之事時，要學會「**面對它、接受它、處理它、放下它**」。談到生老病死，如同春夏秋冬四季輪替，「無事忙中老，空裡有哭笑；本來沒有我，生死皆可拋。」就算我們沒有聖嚴法師「少欲知足，隨緣不變」（減少欲望，知足常樂，接受並適應不斷變動的外在環境，內心保有初衷、信心、真誠和勇氣）的大智慧大境界，也要有認清覺醒，正向思考的小聰明小改變。

🧘 活在當下

　　經典名片《新不了情》中，有一段臺詞很激勵人心，也能幫助我們正向思考：

　　當癌症末期，生命快到盡頭的女主角袁詠儀，要跟淚流不捨的男主角劉青雲告別時，她留下的紙條上寫著：「**如果**

人生最壞只是死亡，生活中怎會有面對不了的困難！」

　　那一年，我在新竹湖口裝甲部隊戰車營精誠連當兵，這是一支特種部隊，每天都被操練得很累，不僅體力透支，精神壓力也很大，感覺人生路上黑暗一片。有一次收假前，剛好看到《新不了情》片尾的這段話，那是我第一次毫無畏懼和遲疑地收假回部隊。正向的力量，能讓你找回勇氣，無所畏懼，就算害怕，依然勇往前行！簡單來說，就是：「**努力活在當下，積極珍惜所有！**」

　　我在 BNI 晨間商會的好夥伴——開過 10 幾家公司、外號「硒鍺先生」的許董，總是神彩奕奕，充滿熱情地推廣他的硒鍺系列健康食品（內含微量元素硒、鍺、米糠的產品）。他每天吃含有豐富硒和鍺的食物，去做「青春活力指數基因檢測」的結果，細胞年齡竟只有 21 歲。

　　許董今年 74 歲，身體活力指數比實際年齡年輕了 53 歲，他的目標年齡是 124 歲，因此現在只是中年人，還有 50 年的好時光。舉凡臺北世貿中心或花博館有辦展覽會，「硒鍺先生」幾乎「無展不與」，和硒鍺太太一起，精神抖擻地行銷宣傳他們的產品。好奇地請教他：「硒鍺先生，每次世貿有展覽您都會去參加擺攤，一連三、四天不累嗎？」

　　他笑著回應我：「Leader，你不知道喔？沒生意、沒業績最累，有夢想、有希望就不累。我不出來參展，怎麼知道有沒有機會？」

你認真，別人才把你當真；努力未必有機會，但不努力肯定沒機會！「硒鍺先生」許董對生命正向看待和銷售的熱情非常激勵我，希望也能激勵懷有夢想、對自己有所期許的你！

如何培養自己擁有「正向的力量」？

1. 知彼知己，諒解包容：了解自己的長項、短處和目標，知道對方的優點、缺點和需求，尊重別人，看重自己。
2. 找到願意教你、幫你、帶你的人生導師。
3. 結交積極努力、逐夢踏實的朋友或夥伴。
4. 接觸樂於助人、急公好義的朋友或夥伴。
5. 認識懂得感恩、有來有往的朋友或夥伴。
6. 珍惜熱愛學習、願意分享的朋友或夥伴。
7. 保有樂觀開朗、正向思考的朋友或夥伴。
8. 多看正向積極、發人省思的好片和好書。
9. 聆聽啟發心靈、激勵自己的好歌或好話。
10. 在自己能力範圍內，幫助需要幫助的人。

莫忘初心，長懷感謝，你就能夠擁有正向的力量！

✊ 愛迪生工廠的大火

Howard 老師退休前是台新金控的總稽核，他常應邀到各地演講的主題，卻不是稽核相關的議題，而是「正向積極

的人生」。幾年前有幸聽到老師的演講，他說了很多正向的故事，讓我印象最深刻的，是「愛迪生工廠的大火」。

話說有一天，電燈發明者愛迪生的實驗室突然發生大火，火勢一發不可收拾，縱使消防車迅速趕來，但災情已難挽回。愛迪生跟兒子只能眼睜睜看著熊熊烈火，無情地將整棟大樓吞噬卻無能為力。這時，愛迪生忽然想到一件事，忍不住跳了起來：「兒子啊！快回家叫你老媽來。」

兒子邊擦眼淚邊哭著問：「這時候叫老媽來有什麼用？我們的工廠和實驗室都已經付之一炬啦！」愛迪生笑著說：「工廠實驗室再蓋就有了。你媽活到這個歲數，跟我一樣沒看過這麼大的火，快去叫她來瞧瞧，再晚就沒啦！」

人生，笑中帶淚，看開放下，正向思考，一切美好。愛迪生的境界，真的很高！

當天晚上，我和老姊去安養中心看老媽，她當時剛開完髖關節手術沒多久，住在這裡有專人照料比較安心。我們買了一堆好菜，包括術後病人必吃的鱸魚湯，由於病房不算大，我們借了幾張椅子放菜，兩張合併才能放得下鱸魚湯。

吃完晚餐，剩下約 1/3 鍋的湯，我特別提醒老姊：「收拾的時候，小心鱸魚湯別倒灑。」她口頭說好，卻不經意地把一張椅子拉開，沒錯！就是放鱸魚湯的那張椅子。瞬間病房滿地盡是鱸魚湯，我們三人都嚇了一跳，當我準備斥責這魯莽的行為時，我彷彿看到了愛迪生實驗室工廠的大火就在

眼前。

出乎意外的,我什麼話都沒說,只是靜靜趴在地上,擦了半小時的地,一遍又一遍,先想想愛迪生的淡然大智慧,再慶幸是鱸魚湯而不是麻油雞湯,這樣算不算正向思考?

《鬼滅之刃》是一部日本漫畫史上最快突破 1 億冊的佳作,它的電影《鬼滅之刃劇場版——無限列車篇》也超越了宮崎駿《神隱少女》的票房紀錄。故事描述少年鬥士炭治郎加入鬼殺隊,為了讓妹妹彌豆子由鬼變回人,帶著她到處救人殺鬼的經歷。

電影裡有一句臺詞,是瞧不起人類的鬼所說:「人類的原動力是心靈、是精神,人的心全都一樣,就像玻璃工藝品一樣地脆弱啊!」問問自己:「我的心,脆弱嗎?」

最後,用《鬼滅之刃》觸動人心的三段金句與你分享,希望能為你帶來正向的力量:

- 「心,是人的原動力,心會不斷不斷變強大的。」溝通表達,要讓你的心變得更堅強!

- 「無論何時,都請為自己感到自豪,並且努力活下去!」勇於溝通,認真表達,你真的很棒!

- 「人生就像天氣一樣,總是不斷地變化,沒有永遠的晴天,雪也不會一直下個不停。」勇於面對環境的多變,真實接受自己的不完美,太陽總會再升起的,不是嗎?

Q&A 問問自己，聆聽內在小聲音

1. 我是個正向的人嗎？
2. 如果我能更正向一點，對於工作或生活會有幫助嗎？
3. 這一篇哪段話或哪個故事最打動我，讓我有即刻改變的念頭？
4. 從今天起，我要怎麼做，才能在溝通或表達時，有效運用「正向的力量」，讓自己更好？我的行動承諾是：＿＿＿＿＿＿＿＿＿＿＿

02
同理的力量

老公下班回家，看到老婆正在狠扁兒子，本想制止，要她有話好好講，但肚子餓了，發現餐桌上有一鍋剛煮好熱騰騰的餛飩湯，便吃了一碗。吃飽喝足後，看見老婆還在打兒子，終於忍不住地糾正老婆：「唉唷！你教育小孩不能老用打的，要多講道理嘛！」

老婆餘怒未消地說：「好好的一鍋餛飩湯，他居然撒了一泡尿進去，你說氣不氣人！」老公聽了瞬間火冒三丈，大喊：「你休息，換我來！」

* * * * * * * * *

陳媽媽安慰失戀嚴重、一時走不出情傷的兒子：「唉唷！傻兒子，不就是一個不愛你的人，不懂珍惜地放棄了一個很愛她的人嗎？你條件這麼好，不怕找不到更好的女朋友啦！天涯何處無芳草？」

但她很難理解，兒子為什麼總是聽不進去老媽真誠的「肺腑之言」。之後，兒子有了交往幾年的女友，但到了陳媽媽心中的適婚年齡，兒子就是不結婚，無論她怎樣嘮叨碎

念都沒用。陳媽媽覺得很煩很鬱卒，跟老友張太太吐苦水。張太太說：「唉唷！你這個人就是想太多啦！別一直操煩，多跟我們出來喝下午茶聊天，開心過日子就好。兒孫自有兒孫福！」陳媽媽覺得好友在說風涼話，氣得想直接掛電話。

✊ 你懂什麼？

生活中很多事都是這樣，如人飲水，冷暖自知。你不是當事人，沒有親身經歷（看見小孩在餛飩湯撒尿、吃下那碗加料的餛飩湯、失戀被放棄、兒女沒對象或還不結婚生子），就自以為是，很難理解別人的想法，或是感受對方的心情。置身事外，誰都可以心平氣和，認為凡事都理所當然；一旦身處其中，首當其衝，才知道所謂「淡定從容，放下看破」，往往只是用來勸別人的話，換做自己，沒那麼容易。

所以，別輕易對別人說：「我懂」、「我了解」、「我明白」、「我能體會」、「我感同身受」、「我跟你一樣」……對方心裡可能會想：「你又不是我，你懂什麼？你又了解什麼？你怎麼會明白？你哪裡能體會？你憑什麼說『感同身受』？你跟我哪裡一樣？」

除非，你再多加幾句，對方比較能接受，結果大不同：

- 我懂你的心情，我建議你去看心理醫師，我之前也看過，對我很有幫助。

- 我了解你的難處，老闆要求這麼多，給的資源這麼

少，換做是我，也不知如何是好。

- 我明白你的感受，很多人遇到這樣的打擊，恐怕早就崩潰放棄了，但是你還堅持下去，真不簡單！

- 我能體會你的處境，我也曾有過這樣孤立無援、進退兩難的經驗。但我也是這樣跌跌撞撞，一路走來堅持不放棄，才坐到今天的位子。

- 我也曾經失去過親人，那種捨不得、放不下、留不住的痛苦，我感同身受。

- 我跟你一樣，也曾為情所困、為愛所苦，走不進去，又退不出來；失戀時才發現：「人生苦短，但長夜漫漫！」

正因為每個人所處環境、家庭、立場、個性不同，成長背景各異，面對事情的心態不一，承受能力和反應有差，切身的真實感受，自然也不盡相同，能真誠用心地去感受他人的心情，保持同理心，才能設身處地，將心比心。

「表達」若能運用同理的力量，就更能被聽眾接受喜愛，發揮更大的影響力！

✊ 表達專家澤倫斯基

2022 年初開打的烏俄戰爭舉世震驚，烽火漫天，生靈塗炭，烏克蘭總統澤倫斯基（Volodymyr Zelenskyy）也許不是談判高手，但他絕對是一位表達專家。澤倫斯基在應邀到各國

國會演講時，將深具同理心的溝通表達力發揮到淋漓盡致，令人讚嘆不已，前提是「知彼知己」。以下內容，是澤倫斯基在各地發人省思，觸動人心，不僅催淚，同時也催出各國武器補給或經濟支援的演講重點，值得所有「想增強同理表達力的讀者」好好學習：

■ 在歐洲議會發表視訊演說：

指烏克蘭人民正為自由、生命及生存而戰，他說：「我們只是為了孩子可以繼續活下去！」女性翻譯官語帶哽咽，淚水濕透了口罩；身為有四個孩子母親的歐盟執委會主席馮德萊恩女士哭了，堅持力挺烏克蘭到底。

■ 透過視訊在加拿大國會發表演講：

呼籲加拿大支持設立禁航區，採取更多措施幫助陷入困境的烏克蘭抵禦俄羅斯入侵。澤倫斯基採取「將心比心」的訴求，他談到烏克蘭人民在 20 天砲火下所經歷的災難，強調已有 97 名兒童喪生。澤倫斯基請加拿大政府和人民想一想，如果俄羅斯攻擊溫哥華或是多倫多，會是什麼樣的景況？

「想像一下凌晨 4 點，你們每個人開始聽到劇烈的炸彈爆炸聲。」他對加拿大總理杜魯道（Justin Trudeau）呼喊，「賈斯汀，你能想像你的孩子聽到這些劇烈的爆炸聲嗎？」

「如果是你的學校、你的橋梁、你的城市、你的歷史建築……如果有人轟炸加拿大國家電視塔或圍攻溫哥華，讓居民與世界隔絕，沒有通訊、沒有電力甚至沒有食物，就像我

們的馬里烏波爾市一樣,該怎麼辦?」

■ **透過視訊方式,他向美國國會發表演說:**

他提及珍珠港事件、911 恐攻等美國人熟悉的歷史事件,期望美國能設身處地為烏克蘭著想。澤倫斯基稱現在的烏克蘭就像當時的美國一般,災難從天而降:「女士、先生、朋友們,各位美國人,在你們偉大的歷史中,有一些時刻可以幫助你們了解烏克蘭人⋯⋯請記住珍珠港事件,1941 年 12 月 7 日那個可怕的早晨,當你們的天空因飛機襲擊而變得漆黑,請記住它。記住 2001 年 9 月 11 日,那可怕的一天,當邪惡試圖改變你們的城市、你們的領土⋯⋯襲擊從空中而降,就像沒有人預料到的那樣,你無法阻止它。」

■ **在日本國會視訊演說:**

澤倫斯基對日本立即向烏克蘭伸援表達謝意:「亞洲第一個開始對俄羅斯施壓的就是日本。」他又舉了沙林毒氣、311 福島核災、日俄戰爭等事件,來爭取日本政府發揮同理心。他指出:「雖然日本和烏克蘭的距離,搭飛機要 15 個小時,但雙方對感受自由的心情沒有差別,對生存的意志沒有差異,即使兩國有一段距離,但價值觀卻十分相通。」

■ **在法國國會進行視訊演說:**

澤倫斯基借用 1916 年第一次世界大戰的「凡爾登戰役」來形容烏國的慘烈現況。凡爾登(Verdun)戰役發生在法國境內,是第一次世界大戰時間最長、破壞性最大的戰役,持

續近 10 個月，德、法雙方共 30 多萬人喪命，最後由法國獲勝。他呼籲法國展現領導力，捍衛法國大革命的不朽口號：「自由！平等！博愛！」

其實大家都知道，烏克蘭被俄羅斯狂轟濫炸，處境很艱難。但是，有沒有感同身受，就是一個關鍵問題，澤倫斯基用影片和照片說故事，呈現出烏克蘭原本美麗的都市被俄國狂轟濫炸後的破敗景象，死傷無數，慘不忍睹；再搭配動人的背景音樂，為各國量身訂做，打造鼓舞人心、將心比心的演說內容，讓世人看到、聽到、感覺到，這就是**同理的力量**。

溝通的價值，表達的力量，也許比俄軍的戰鬥機和裝甲坦克車更強大！您說是嗎？

Ⓠ Ⓐ 問問自己，聆聽內在小聲音

1. 我總是會換位思考、將心比心嗎？
2. 如果我能更有同理心，我的溝通會不會更順暢？人生會不會更美好？
3. 這一篇哪段話或哪個故事最打動我，讓我有即刻改變的念頭？
4. 從今天起，我要怎麼做，才能在溝通或表達時，有效運用「同理的力量」，讓自己更好？我的行動承諾是：＿＿＿＿＿＿＿＿＿

03

傾聽的力量

　　無論溝通、表達、談判、銷售、服務、團隊建立、領導管理……「**傾聽**」很重要！問問自己，與人溝通時，當對方在說話，我有沒有「用心認真地聽」、「保持耐心地聽」、「展現親和地聽」、「真誠關懷地聽」、「尊重理解地聽」？

　　聽到對方想說，說到對方想聽；還是漫不經心、左顧右盼、心不在焉、邊聽邊滑手機、不耐煩、不在乎、不以為然、任意打斷對方的話而不以為意，或顧左右而言他……，這是現代人的通病。當外界事物越來越繁雜，科技越來越進步，通訊軟體日新月異，每天收到的訊息暴增，人的專注力就會下降，傾聽能力就會退化。

　　「溝通不良」的主要症頭之一，就是不善傾聽或不願傾聽，對於別人的問題，常常一知半解；回答別人的問題，經常辭不達意，讓人無言以對，不願再繼續溝通下去。

　　事實上，「**傾聽**」就像一把溝通的梯子（LADDER），垂直放是「踏梯」，可以讓你往上爬得更高，看得更遠更廣，懂得更多更深；平著放是「梯橋」，可以幫助你跨過與溝通

對象之間的鴻溝或急流，增進彼此了解，建立良好關係。

✊ 傾聽六大原則

以下是「傾聽梯子」（LADDER）的六大原則：

■ Look（眼神接觸）

保持專注，真誠目光，展現善意，用心聆聽。

■ Ask（適時提問）

表現出對目前所聊話題感興趣，也鼓勵對方進一步延伸這個主題，分享更多，學習更多。

■ Don't interrupt（不要隨意打斷對方）

原則上，避免任意打斷對方的話，保持耐心聽完，再表達自己的想法，這是溝通的基本尊重。個性太急的人，要特別留意這點，別動不動就發問或打斷別人的話；溝通時，別太自以為是，或急著回應對方，而失去了禮貌和分寸，也失去彼此的尊重和信任。

但若是對方滔滔不絕，長篇大論講不完，或是說話離題、言不及義，話不投機聽不下去，建議可以藉故離開、拉回主題，或是轉移話題，避免尷尬或衝突產生。

舉例說明，你可以這樣說：「對了，我忽然想到一件緊急的事，要先去處理。」、「對了，我們剛才說到……」、「所以你的意思是？」、「對了，你中秋三天連假打算去哪玩呀？」

■ **Don't change the subject（避免任意改變話題）**

　　基本上，避免突然轉移話題，以示尊重，但若有前項的
情況，可做彈性調整，若是對方忽然轉移話題扯遠了，你可
以這樣說：「對了，你剛才說的，跟我們今天要討論的主題
有什麼關係呢？」、「不好意思，我半小時後還有另一個線
上會議，讓我們趕快討論今天的議題吧！」

■ **Emotion（情緒覺察與管理）**

　　人際溝通時，聽者的情緒反應，會影響講者繼續說下去
的意願，兩者通常呈現正相關。聽者越認真投入，講者越熱
情回報，反之亦然。

　　同樣的，當你在表達分享時，如果只顧著自說自話，
毫不留意聽者被你話題內容所引發的情緒（尤其是負面不樂
意的），對方也可能會拒絕再聽你說下去，甚至引發爭執或
衝突。因此在溝通表達時，無論聽者或講者，若能多關注對
方的情緒變化，就會產生更良好的互動，建立更好的關係與
信任。

■ **Response（適時回應，做出反應）**

　　善於傾聽的人，懂得運用各種反應（聲音、表情、姿勢、
動作），讓對方知道你有認真聽，讓對方看到你的微笑、點
頭、附和、認同、熱切、期盼、真誠、專注……，來強化傾
聽的效果，增進溝通的良好關係。

🖐 傾聽五大要訣

- **要訣 1**：用開放包容、謙和有禮的專注態度聆聽。
- **要訣 2**：站在「學習與接納」的角度與立場聆聽。
- **要訣 3**：適時複述對方說過的話，表達理解或認同。
- **要訣 4**：視時機提問，增加談話深度，讓對方暢所欲言，樂意分享。
- **要訣 5**：不隨意轉換話題，避免過度插嘴搶話，尊重對方也尊重自己。

溝通與表達時，依照傾聽的專注度，可將聽眾分為：

- **第一級傾聽**：全神貫注、積極聆聽。
- **第二級傾聽**：部分傾聽、隨意而聽。
- **第三級傾聽**：心不在焉、假裝在聽。

我常常在下課前，會半開玩笑地問學員：「請問大家，今天上 Leader 的課，你們是啟動第幾級的傾聽模式呀？」學員通常會回答第一級，我的反應是：「這種話你們都說得出來，我佩服你們！」結果常是哄堂大笑。善意提醒：說這種話時，記得要面帶微笑，展現親和，對方才能感受、理解、笑納你的幽默喔！

自我溝通和對外溝通同樣重要，是否能傾聽自己內心真正的聲音，心平氣和跟自己對話是人生的重要課題，人生在世若能盡量避免以下六個「太過」，會活得比較自在快樂：

1. 太過「在意別人的眼光」。

2. 太過「在乎別人的期待」。

3. 太過「害怕自己跟別人不一樣」。

4. 太過「在意自己在別人心中的形象」。

5. 太過「在乎世俗的看法」。

6. 太過「在意別人是否喜歡我們」。

你能聽出弦外之音嗎？

「傾聽」是一種溝通的基本要素，更是一種有層次的經驗與智慧。問問自己，能不能聽出對方的問題、想法、感受、需求、難處、痛點、利益、束縛、局限、視角、觀點、替代方案、下一步動作……，更甚者，你能否聽出對方的指桑罵槐、聲東擊西、話中有話、言外之意或弦外之音？這部分只能意會，不能言傳。雖然如此，我還是舉個例子吧！

三國時代，曹操很喜愛次子曹植的才華，並對長子曹丕不滿，因此想廢了長子曹丕，改立次子曹植為世子。當曹操就這件事徵求大軍師賈翊的意見時，賈翊卻一聲不吭，默然許久。曹操覺得很奇怪，問他：「賈翊，我在問你問題，你怎麼不說話？」

賈翊說：「稟告丞相，我正在想一件事呢！」

曹操問：「你在想什麼事？」

賈翊答：「我正在想袁紹、劉表的事。」

曹操聽後哈哈大笑，立刻明白了賈詡的言外之意，於是不再提廢曹丕世子一事。

賈詡對於生性多疑的曹操想「廢長立幼」的想法，態度很明確，又不好直說，以免遭殺身之禍，但言外之意很明顯：袁紹、劉表廢長立幼，招致災禍，丞相若不想重蹈他們的覆轍，就別這麼做。意思很明顯，卻沒有說出來，可謂高明之舉。溝通表達力，可保住老命！

溝通時，聽得出或看得懂對方的「弦外之音」，或能夠適時適地表達出自己的「言外之意」，是一種經驗和智慧的累積與呈現。在許多場合，有些話不好直說，以免傷對方心、破壞感情，甚至誤了大局，此時不妨旁敲側擊、迂迴而行，讓對方聽出你的言外之意、弦外之音，實為明智之舉。

話中有話，一語雙關，毋須多言，就能讓你心裡清楚明白。善聽弦外之音，又會傳達言外之意，是一種溝通表達的人生境界，我們一起加油。

傾聽的重要性

關於傾聽的重要性，《聖經》也提醒我們：

- 靜靜的聆聽，是對他人的尊重，也是內心謙虛的表現。你若愛他，就多聆聽。
- 傾聽，不要打斷！
- 我親愛的弟兄們，這是你們所知道的。但你們各人

要快快地聽，「隨時聆聽別人的意見」，慢慢地說，「避免自以為是，急於發言、反駁、指正、批評、責備」，慢慢地動怒。（如同前面「傾聽梯子」中的 Emotion——情緒覺察與管理。）

常聽人說：「若是你太太跟你抱怨某件事，聽就對了，不用給什麼意見，她只是要找個紓發情緒的管道罷了！」

Kevin 是某大公司總經理，他總是不相信這種說法，直到有一天，他太太下班回家，跟他抱怨公司同事的惡劣行為、她所遭受的委屈，當 Kevin 認真聽完，給她建議時，她卻忽然暴怒地說：「你不要拿公司總經理的那一套來對付我！」

Kevin 覺得莫名其妙，跟我發牢騷。我只能說：「男女大不同！有時你不能太理性地思考每一件事，先安撫情緒，再解決事情，方為上策。」

因為我也有類似的經驗，痛定思痛後的結果，我發明了前後連貫、安全無虞的「**傾聽六句真言**」供他參考，之後他跟我反應：「藥效良好，大幅減少了夫妻起爭執、氣個半死或得內傷的狀況。」想學嗎？告訴你，那就是：

「嗯！」、「是喔？」、「真的嗎？」、「那後來呢？」、「怎麼會這樣？」、「真是難為（辛苦）你了！」

有一次在金融研訓院講主管班的「雙贏談判力」時，我不經意地分享這隱藏版的「傾聽六句真言」，無論見面談或線上聊，都非常好用。譬如說，你朋友私訊你抱怨某件事或

某個人，你可以先輸入一個字：「嗯！」然後就可以去洗水果了。

回來看到他又寫了好幾行字，再輸入兩個字：「是喔？」接著去洗青菜。對方又寫了一長串，這時輸入三個字：「真的嗎？」可以直接去開火炒菜了。

光是前三句，你朋友就會覺得沒白交你這個好友，然後他寫更多，你就陸續回四個字：「那後來呢？」五個字：「怎麼會這樣？」他一定覺得感動莫名，知音難尋，有你這樣願意真心傾聽的好友，不枉此生。而此時，你已吃完晚餐，準備去洗澡睡覺了。

最後，記得打六個字做結尾收場：「真是難為（辛苦）你了！」如此一來，你們兩個人在這世界上就各多了一個好友，何樂而不為？

銀行主管們認真抄下我的「傾聽六句真言」，覺得很實用，不妨試試，這就是「**傾聽的力量**」。聆聽關注不僅是尊重，更是投入心底的溫暖。

老師說：你有沒有在聽？

最後，想跟你分享一個流傳已久的兒童益智遊戲，叫做「老師說」。活動方式如下：

首先，選出一位同學當主持人（老師），在隊伍之前發號施令。當主持人喊「老師說」加上一個動作的口令，同學

們要馬上做動作；但沒有加上「老師說」三個字的動作口令，就不是老師說的，視為無效，維持原狀不動。舉例，若口令為「老師說坐下」，同學們就應該立即坐下；若口令為「起立」，則大家繼續坐著不動。最後統計各小隊零失誤的人數定勝負，通常能撐到最後的沒幾個。

小時候很佩服能撐到最後的同學，就跟打躲避球在場內能活到最後沒被打到一樣厲害。現在才知道，這個遊戲原來是要幫助我們從小訓練「傾聽的能力」。

「老師說，你要好好聽別人說話，讓溝通更順暢！」你有沒有在聽呀？

Q&A 問問自己，聆聽內在小聲音

1. 我總是會認真、專注、用心地傾聽別人說話嗎？

2. 如果我能更有傾聽的意願和能力，我的溝通會不會更順暢？

3. 這一篇哪段話或哪個故事最打動我，讓我有即刻改變的念頭？

4. 從今天起，我要怎麼做，才能在溝通或表達時，有效運用「傾聽的力量」，讓自己更好？我的行動承諾是：＿＿＿＿＿＿＿＿＿

04
自省的力量

　　日本經營之神，松下電器創辦人松下幸之助說過：「企業管理過去是溝通，現在是溝通，未來還是溝通。」因為很重要，所以說三遍，企業管理，**溝通才是王道！**

君子求諸己

　　某天，一位下屬因經驗欠缺而使一筆貸款難以收回，松下幸之助得知後勃然大怒，當著所有人的面痛罵了這位下屬一頓。事後，他冷靜回想，那筆貸款發放單上自己也簽了字，下屬只是還搞不清狀況而已，身為老闆的自己才是首要負責的人，這件事不應該怪下屬。自省之後，松下幸之助為自己的衝動行事懊惱不已，他馬上打電話給那位下屬，誠懇地道歉。

　　恰巧那天下屬喬遷新居，松下幸之助得知後，便立即登門祝賀，還親自為下屬搬家具，忙得滿頭大汗。一年後的這一天，這位下屬收到了松下幸之助寄來的明信片，上面寫著一行親筆字：「讓我們忘掉那可惡的一天吧！重新迎接新的

一天到來！」看到老闆的親筆信，下屬頓時熱淚盈眶，這就是「經營之神」松下幸之助善於溝通的成功關鍵之一——自省的力量！

美國南北戰爭初期，林肯總統所指揮的北軍出師不利，他十分憂心。某個晚上，一位養傷的團長向他請假，原因是他的妻子正在醫院，生命垂危中。林肯不加思索地嚴厲斥責他：「你知道現在是什麼時期嗎？戰爭！苦難和死亡壓迫著我們，家庭幸福在和平時期會使人快樂，但此時此刻，它已沒有任何意義了！」團長只能落寞地回去。

林肯看著團長失望的背影，若有所思。翌日清晨，天還沒亮，林肯就來拜訪團長，握住他的手說：「親愛的團長，我昨夜實在太魯莽了，對於一個獻身國家的人，特別是有困難的人，不應該這樣做。我非常懊悔，一夜不能入睡，請你原諒我。」

林肯替他向陸軍部請假，並親自送他到碼頭。人非聖賢，孰能無過，知錯能改，善莫大焉。林肯總統知錯即改的大度風範，激發了北軍前線將士的鬥志，最終贏得南北戰爭的勝利。這就是自省的力量。

《論語・衛靈公》中，孔子說：「君子求諸己，小人求諸人。」有君子品行的人總是反省自己，遇到問題先從自身找原因，想辦法解決；而小人總是反省別人，每當失敗、遭遇困難或挫折時，先想方設法推卸責任，撇清跟自己無關，

從不會去反思自己，從自身找原因。

🪷 過則勿憚改

　　佛曰：「懺悔功德殊勝行。」意思是一個人若是能夠懂得自我反省、深刻檢討，是非常難能可貴的一件事。「自省」是指自我的反省與檢討改進，藉由自省，作為再次出發的標準，懂得自省，才能改過，才會進步。溝通能自省，才能更有效地說服他人，打動人心，鼓舞士氣。

　　「復盤」是棋類術語，意思是當下棋對戰完畢後，還原棋局，復演該盤棋的紀錄，以檢討對局下棋落子的優劣與得失關鍵。人生如同下棋，以象棋為例，「起手無回大丈夫」，提醒你一旦落子，就不能反悔重來！「過河卒子」代表著只能前進，不能後退。說出去的話，就像潑出去的水，覆水難收。溝通難免不良，表達總有狀況，但若能懂得反省，檢討改進，下次更進步，明天會更好，就足夠了。「復盤」就是一種自省，讓你深刻地認清自己，學會調整更新！

　　至聖先師孔子說：「不遷怒，不貳過。」不遷怒於他人，不重複自己的過錯。

　　子曰：「過則勿憚改！」犯了過錯，有了錯誤，千萬不要怕改正。

　　子曰：「見賢思齊焉，見不賢而內自省也。」見到有才德的人，就應該向他學習，希望和他看齊；見到沒有才德的

人，內心就應該自我反省，惟恐自己也有同樣的毛病。

「靜坐常思己過，閒談莫論人非。」意思是一個人靜心獨處時，要時常反省自己所犯的過錯；和別人閒談時，切莫談論他人的是非。做事要留餘地，說話要有口德。承認錯誤，學會自省，提升自己的溝通表達力。

自省是一種積極正向、勇敢負責的態度，更是一種自信的展現。無論溝通或表達時，若我們能確實檢討，認真改進，溝通更有效，人際關係更佳，表達也會更順暢無礙。「自省」兩字拆開來就是「少白目」，別搞不清楚狀況、自以為是、不識相、亂說話、自作聰明。

自省是一種習慣，《論語·學而篇》曾子說：「**吾日三省吾身，為人謀而不忠乎？與朋友交而不信乎？傳不習乎？**」我每天晚上睡覺之前，都會自我反省三件事情：第一件事，替別人做事或工作時，我有沒有盡心盡力，負責或當責地去做？第二件事，和朋友交往相處，我是不是信守承諾，言而有信，說到做到？有不誠實的地方嗎？第三件事，老師教導我的課業和知識，我有沒有讀熟複習？老師教的為人處事之道，我有去實踐，印證練習嗎？

曾參是孔子的學生，小孔子四十六歲，在孔子的學生當中，是屬於專門修養內心、比較老實內向、不太說話的那種類型，資質不算聰明，但透過「每日三省吾身」，最終嫡傳孔門道統，備受後世推崇。

身為曾子後代的清代名將曾國藩，終生奉行曾子自我反省的教諭。他治心三要訣之一的「改過遷善」，就是把每天的事情記下來，改正錯誤，見賢思齊。曾國藩擅長自省，他自省的方式就是寫日記，日記中常常把自己罵得體無完膚。

　　他年輕時心高氣傲，鋒芒畢露，得罪不少人，父親去世後，咸豐帝褫奪了曾國藩的兵權，令其回家守孝。在守孝的兩年期間，曾國藩的思想有很大的改變，他開始反思自己，開始看到別人的長處，終於明白了謙遜的重要。

✊ 人生三覺

　　古往今來，但凡不懂說話之道者，大多難成大事──鍛鍊你的「精彩表達力」！

　　然而，若只懂說話之道，而不懂處世智慧者，不僅難以走向成功，甚至導致滅亡──培養你的「正向溝通力」。

　　在我的第二本書《超業筆記》中，寫到人生三覺：「覺得，覺察，覺醒！」就是一種「自省的力量」。

　　有智慧的人，不用別人提醒指正，就能自省，檢討改進；

　　有勇氣的人，經由別人提醒指正，就會自省，檢討改進；

　　眼中只有自己的人，就算別人提醒指正，也不會自省，死性不改，堅持到底，繼續在錯誤的道路上狂奔。

　　西方大哲學家蘇格拉底（Socrates）說：「未經反省的人生，毫無存在的價值。」、「我所知道的一件事就是：我一

無所知。」

表達時要懂得自省，不斷練習，檢討改進，問問自己：

1. 我是否說得清晰、簡潔、有力有溫度，能打動人心？
2. 我的聲音語調是不是有抑揚頓挫，能 hold 住對方的耳朵？
3. 我的面部表情、肢體動作是否豐富多元，適當有變化，能有效抓住對方的眼球？

做人要學會自省改進，日新又新，但也不用把過錯或責任都攬在自己身上，壓垮自己的身心，「適度剛好」是一種持續的學習、經驗的累積，更是一種智慧的境界！

問問自己，聆聽內在小聲音

1. 為人處事，遇到不順遂或失敗挫折時，我是先體察反省自己，還是先檢討怪罪別人？
2. 「吾日三省吾身」很難嗎？為什麼？我做得到嗎？
3. 這一篇哪段話或哪個故事最打動我，讓我有即刻改變的念頭？
4. 從今天起，我要怎麼做，才能在溝通或表達時，有效運用「自省的力量」，讓自己更好？我的行動承諾是：＿＿＿＿＿＿＿＿＿＿

親和的力量

　　英國的黛安娜王妃有一次邀請一位小男孩午餐，他得了癌症，寫信給黛妃，希望能跟她共進午餐，黛妃遂實踐他的心願。黛妃囑咐御廚準備一些威廉及哈利兩位王子愛吃的食物做為午餐，款待小男孩一家人，於是御廚烤了兩隻雞，調理了一些蔬菜。

　　吃到一半時，小男孩嫌刀叉麻煩，索性用手把雞腿拿起來，津津有味地啃食。他的母親看到，立刻面如土色，覺得自己一家在皇室面前出洋相，但黛妃不以為意，立馬把手上的刀叉也放下，配合小男孩，同樣拿起雞腿大塊朵頤，小男孩的母親這才如釋重負，露出笑容。

　　在許多人還相信愛滋病只要透過輕微接觸就能傳染的年代，某天黛安娜王妃坐到一位愛滋病患者的病床上，握住他的手。她用這個動作告訴全世界，愛滋病患者需要的不是隔離，而是關愛和熱心。

　　真正的高貴不在於矜持地謹守繁文縟節，不在於穿著的衣裳價值不斐，而在於發自內心的親和與善良。善解人意，

替別人設想周到，這就是親和力十足、永遠的「人民的王妃」
——黛安娜王妃。

臉要笑，嘴要甜

什麼是「親和」？什麼是「親和感」？什麼是「親和力」？如何提升你溝通表達的親和力？如何建立人際關係的親和感？如何善用「親和的力量」，打開對方心門，讓他願意聽你說，也願意跟你說，讓溝通更順暢、表達更吸睛？

「**親和**」是親愛和睦、親切和藹、親近和合、性情或喜好相近，具有可以相互包容或吸引的人際共同點；「**親和感**」是親近和睦的「感覺」，和親切和諧的「氛圍」；「**親和力**」是能夠使人感到親近親切，願意跟你接觸、認識、溝通、交流，保持良好關係的一種能力。

在《超業筆記》裡我寫到「銷售八要」中的「**臉要笑，嘴要甜**」，臉上時常掛著笑容，並口說好話，適時適當讚美他人，或感謝你的聽眾，就是一種親和力的展現。古人說：「路遙知馬力，日久見人心。」跑的路途夠遙遠，才能得知這匹馬的耐力和毅力；相處的時間夠久，才能發現這個人的性格本質，了解這個人的內心想法與價值觀。這段話很經典、很有道理，但現代人的生活步調很快，時間很緊湊，如何快速增進你的「瞬間親和力」，讓溝通更有效、表達更吸睛，就成了顯學。

✊ 建立親和的八個技巧

　　以下列舉八個建立親和的方法技巧，供你參考：

1. **經常微笑**：自然親切的微笑，是一種親和的力量。伸手不打笑臉人，若能微笑加上點頭，效果加倍。「點頭」代表認真傾聽、認同對方，點頭如搗蒜，好感自然來。

2. **注意形象（外表穿著）**：除了穿著得體大方有品味，若能穿有共同記憶點的服裝，例如班服、校服、隊服、會服、團服……等，也能大大增加彼此間的親和感。

3. **說話談吐**：講話內容有料的人，往往一開口就有打動人心的魅力。

4. **談話主題**：聊對方有興趣的話題，臭味相投，投其所好。

5. **關係連結**：同鄉、同校、同事、同宗、同好、同社團……，同仇敵愾有時更有親和感。

6. **表明支持協助的意願**：施比受有福，人們不一定會在乎你有多厲害，但通常會在乎你有多關心他：「沒關係，別客氣，讓我來幫您。」

7. **願意傾聽，表達同理**：專心認真地看著對方，用心溫柔地聽對方說，善用同理語言及技巧，讓對方感受到你的善意、誠意和心意。

8. **問個好問題，增加親和力**：電銷人員帶著微笑，友善地開場提問：「您是我們篩選出來的優質客戶，我非常榮幸邀

請您參加我們這次的活動（體驗），看您什麼時候方便來公司？下週二還是週四比較方便呢？」

銷售人員：「是這樣子的，上次您使用了我們公司的產品服務，我這次來電就是想了解一下您對我們產品使用後的感想，還有什麼寶貴的意見或建議？」

客服人員：「請問我們的服務，您還滿意嗎？有哪裡需要改進的地方？」

主管表達「同心領導力」的一個好問題：「我要怎樣才能幫助你做得更好？」（How can I help you do better?）

🖐 親和的十種特質

至於和另一半的溝通相處，你可以問一個非常具有正向啟發性、建設性的問題：「**我能做些什麼，讓你今天過得更好？**」一句話勝過千言萬語，但要每天持續問，要有能力和耐心，愛與關懷，其實不簡單！

怎樣的人比較容易擁有「親和的力量」？我歸納了 10 種性格特質，看看你有幾種？

1. **積極正向、較少抱怨的人；**
2. **經常微笑、樂觀開朗的人；**
3. **尊重別人、展現善意的人；**
4. **願意傾聽、善於傾聽的人；**
5. **換位思考、將心比心的人；**

6. 說話中肯、待人誠懇的人；

7. 懂得讚美、不吝分享的人；

8. 善良純真、樂於助人的人；

9. 心胸寬闊、大度包容的人；

10. 熱情自在、不拘小節的人。

英國 BBC 電視臺稱烏克蘭總統澤倫斯基向全世界示範「大師級」的演說技巧，他就是善用了「親和的力量」，建立親和，增進信任，吸引各國國會議員們願意聽他說，相信他並支持他。他的做法是：強化連結，展現親和，拉近距離，建立關係！

向英國國會發表談話時，他引用英國大文豪莎士比亞的名言：「對我們來說，現在的問題是生存還是毀滅？（to be or not to be）」並引用二次大戰時英國名首相邱吉爾對德國宣戰時的名言，呼籲英國協助烏克蘭，奮起抵抗侵略：「我要提醒你們全英國都聽過的這段話：『我們將繼續為我們的土地而戰，不惜一切代價；我們不會放棄，我們不會認輸，我們會奮戰到最後一刻！在海上，在空中，我們會持續為我們的土地而戰，不惜任何代價，我們會在森林、在田野、在海灘、在街道上戰鬥。』」這段演說喚起英國人對二次世界大戰的記憶，所有議員都站起來為他鼓掌。

在美國國會發表演說，他引用美國著名民權領袖金恩博士的「我有一個夢！」，改成「我有一個需求！我需要保護

我們的天空，我需要你們的決定、你們的協助。」表達設置
禁航區的訴求。他並對美國總統拜登喊話：「拜登總統，你
是你們國家的領袖，我希望你成為世界的領袖。世界的領袖
也就是促成和平的領袖。」

在澤倫斯基演講幾小時後，美國宣布對烏克蘭增加 8 億
美元的軍事援助，援助武器包括 800 套防空系統、9000 套反
裝甲系統、7000 套榴彈發射器等輕型武器，以及 100 架無人
機，拜登總統並首次稱俄羅斯總統普丁是「戰爭罪犯」。這
就是精彩表達，有效溝通──親和的力量！

Q&A 問問自己，聆聽內在小聲音

1. 我是個有親和力的人嗎？

2. 如果我能更親和一點，對於工作或生活會有幫
   助嗎？

3. 這一篇哪段話或哪個故事最打動我，讓我有即
   刻改變的念頭？

4. 從今天起，我要怎麼做，才能在溝通或表達時，
   有效運用「親和的力量」，讓自己更好？我的
   行動承諾是：＿＿＿＿＿＿＿＿＿＿＿

06
微笑的力量

「微笑」是跨越邊境無疆域、縱橫全球無國界的國際語言，是有效溝通、精彩表達的起手式！

伸手不打笑臉人

益品書屋暨王品集團創辦人戴勝益，是我很佩服的企業家。戴董用他不發脾氣的微笑哲學，建立了一套獨特的經營之道，他說：「我 27 年沒發過脾氣，就算在家也一樣。」

他曾經在分享自己獨特的「烤地瓜」暖心育才哲學時，強調自己以身作則不發脾氣，希望員工都能展現真誠的笑容，讓顧客感受到歡笑及開心的氛圍，提供更好的服務環境。他表示，自己會讓王品的員工如同熟的地瓜一樣有溫度，客戶自然而然就能感受到那份香甜。因此，要實踐烤地瓜哲學，最首要的重點就是「微笑」。會笑的人跟不會笑的人差很多，所謂「伸手不打笑臉人」，懂得微笑的人自然而然能化解很多尷尬、窘境、衝突，甚至攻擊。

為了建立起「微笑」和「暖心」的企業文化，戴董盡量

不對任何人發脾氣，他隨時警惕自己，發脾氣會失去人生方向、目標，甚至在沒有理智的狀況下做出無法挽回的決定，或造成難以挽救的結果。戴董的話很有哲理，發人省思。

把微笑當成你的鎮定劑（事前保持鎮定，微笑不發脾氣）或止痛藥（事後放下釋懷，笑看人生），你可以少吃很多莫名苦，少走很多冤枉路，值得一試！

猶太人有一句諺語：「**不會笑，就不要開店；不會讚美，就不要說話；不會說故事，就不要做銷售。**」可見「**微笑、讚美、說故事**」是一個人成功的重要因素，也是有效溝通、精彩表達的三大關鍵，本書都會一一說明。

微笑的影響力

我們先來看看「微笑」對於溝通表達的影響力有多大。

泰國素有「微笑國度」的稱號，各國遊客來到泰國，都能感受到友好的泰式微笑。當地人民天性和善，加上篤信佛教，即使在熱鬧吵雜的曼谷，也總能感受到一片平靜，造就泰國人獨特的性格。用超越語言隔閡的親切微笑，跟世界溝通，表達最誠摯的歡迎之意，也讓泰國成為許多人紓壓旅遊首選的觀光勝地，這就是「微笑的力量」。

美國學者研究指出：「每一個快樂的朋友，讓你快樂的機率約增加9％；每一個不快樂的朋友，讓你快樂的機率減少約7％。」換言之，只要有一個人微笑，就能啟動團隊的

快樂漣漪。

鼎泰豐的服務哲學是：「**一人微笑，就會泛起一連串的快樂漣漪！**」每一家鼎泰豐的分店都有輪流帶動微笑的員工，領頭羊很重要。微笑帶給團隊的感染力，就像田徑場上的大隊接力賽，一棒接一棒，散播歡樂散播愛。除了招牌小籠包和酸辣湯的美味之外，每個永遠面帶微笑的員工，讓客戶身心都獲得釋放與滿足，這就是鼎泰豐「五感行銷」（視、聽、味、觸、嗅覺）的極致發揮。

在臺灣，每個人應該多少都接過電話行銷的 call，我自己當過電銷督導，做過電銷，也教過電銷。每位電銷人員的桌上都會放著一面小鏡子，它的功用是讓電銷人員在 call out 之前，記得要先給自己、也給未知的線上客戶，一個自然又親切、充滿自信和希望的笑容。

假裝、微笑、深呼吸

聲音是有溫度的，聲音也是可以微笑的，重點是你必須笑得出來，笑得自然。若是前一通、前兩通，或者已經十通電話都未接，或被掛、被拒絕，你更要看著鏡子，就算勉強擠出笑容，下一通 call out 也會大不相同，充滿希望的，不信你試試。

「上臺表達時，不會緊張的請舉手！」課堂上我常這樣問學員，但很少遇到有人舉手（敢舉手的，我會請他直接上

臺示範，哈！），這表示絕大多數人一旦要上臺，都會很緊張。如果你也有這種症狀，請接受我的「上臺三寶」，那就是「**假裝、微笑、深呼吸**」。

一、假裝

想像你是演講高手、說話專家、表達天王天后，假裝你現在就是美國隊長、神力女超人、鋼鐵人、黑寡婦、雷神索爾或驚奇隊長都行，在鏡子前，用心用力地比出一個充滿神奇力量的姿勢，你就瞬間成為那個強者，勇者無懼，上臺表達，沒什麼了不起。

二、微笑

試試看，就算用勉強擠出來的笑容，都可以改變你的心情，減少你的恐懼，降低你的腎上腺素，讓你能比較輕鬆自在地上臺說話。換個角度想，人都是相對的，只要你上臺能露出自然親切的微笑，臺下聽眾通常也會用淺淺的微笑回報你，而且不會只有一個，你穩賺不賠。

微笑是上臺者的鎮定劑（讓自己放輕鬆、不緊張）和橄欖枝（讓聽眾看到你的自然、友善、自在和自信），微笑同時也是臺下聽眾熱情友善的回應，用微笑回饋臺上的講者，告訴他：「我準備好聽你說了，我很期待，你好好講。」

三、深呼吸

就像游泳下水前一樣，上臺前深吸一口氣，不夠的話多吸幾口也行，能讓你緩衝心情、平心靜氣、化氣為力。

某一天帶兒子去鬍鬚張吃晚餐，不經意看到廁所門口的落地鏡子上，有一張圓圓的黃色笑臉，並貼著「笑臉迎人好運來」七個大字，非常醒目。鬍鬚張用這樣的方式來跟員工溝通，提醒他們要經常保持微笑，做好服務；也用這樣的圖文，向消費者表達鬍鬚張的核心價值就是「用微笑，傳遞臺灣在地美食的新價值」。微笑是一種品牌力，也是一種服務力，讓您溝通更溫暖，表達更自在。

無論生活再苦，也別忘了微笑；不管日子多難，也要記得微笑。幸福的人，重點不在於你的錢有多少，而是你的笑有多甜！你，幸福嗎？

Ⓠ Ⓐ 問問自己，聆聽內在小聲音

1. 我是個經常微笑的人嗎？
2. 如果我能常常展現微笑，對於工作或生活會有幫助嗎？
3. 這一篇哪段話或哪個故事最打動我，讓我有即刻改變的念頭？
4. 從今天起，我要怎麼做，才能在溝通或表達時，有效運用「微笑的力量」，讓自己更好？我的行動承諾是：_____

07
道歉、原諒的力量

🖐 德國元首的驚天一跪

1970 年 12 月 7 日,時任西德總理的威利·布蘭特(Willy Brandt)冒著凜冽的寒風,來到波蘭簽訂華沙公約,在前往華沙猶太區起義紀念碑弔唁二戰受害的猶太人時,他為當年起義的犧牲者敬獻了花圈。在撥正了花圈上的絲結後,布蘭特往後退了幾步,突然雙膝下跪,神情充滿愧疚並發出祈禱:「上帝請饒恕我們吧!願苦難的靈魂得到安息。」

此一舉動震驚全球。原本大家都以為這次拜訪猶太區紀念碑,只是一個普通致意的活動,但沒想到德國元首竟無預警地屈膝下跪,代替德國人民向猶太人道歉。他說:「我這麼做,是因為光憑獻上一個花圈,或是只靠語言的溝通,實在不足以表達我們的歉意。」

二戰期間,由希特勒率領的德國納粹黨,為維護純正血統,將猶太人視為異端份子,抓進集中營酷刑凌虐,並設置毒氣室處以極刑,無論男女老弱婦孺都無法倖免於難,是歷

史的悲劇。西德總理這一跪，無須多言，展現出「非語言的力量」，透過照片，轟動國際，觸動人心，成為歷史一跪！

他想要表達的是，就算老百姓無罪，但也應該對於這份「歷史罪過」銘記在心，要教育子孫戰爭殘酷，與維護人權的重要性。布蘭特這段特別的道歉舉動，有效地跟世界溝通，贏得了更多的尊敬，大大提高了當時德國的外交形象，成為戰後德國與東歐諸國改善關係的重要轉捩點，布蘭特本人也因此於 1971 年獲得了諾貝爾和平獎。這，就是道歉的力量！

✊ 真誠的道歉！？

我們都只是一般的平凡人，誰能從不犯錯？只要能改正自己的錯，沒有比這更好的了。真誠的道歉，往往能獲得原諒，贏得友誼、信任甚至尊敬，但這並不容易。親愛的讀者，問問自己，如果說錯話或做錯事，得罪對方、傷害了人，你通常都會道歉嗎？

我們來看看，以下這樣算不算道歉？想像一下，用適當的心情、口氣、語速和語調唸唸看。

「我都道歉了，你還想怎樣？」

「就算我有錯，那你呢？」

「好啦好啦，算我錯好嗎？」

「好啦，對不起，都是我的錯好嗎！」

「都怪我不好，這樣可以嗎？」

「我又不是故意的，你就不能原諒我一次嗎？」

「我都道歉了，你可不可以不要那麼小心眼？」

「我都道歉了，你還不原諒我，心胸寬大一點，不要那麼記恨，好嗎？」

「我都道歉了，你是要不爽到什麼時候呀？」

「難道我這樣道歉還不夠嗎？」

「好啦，我道歉就是了，別生氣啦！」

「如果你覺得不舒服，那我可以跟你道歉。」（算我大器，不跟愛計較的你計較。）

「我很抱歉，但我不是故意的，我不知道你這麼在意。」（別人都不在意，只有你在意。）

「我知道我的話傷到你了，真是對不起。」（不能怪我，誰叫你是玻璃心。）

「很抱歉讓你有這種感覺！」（為什麼別人都沒有這種感覺，就只有你有。）

「我很抱歉，但是……」（我是有原因的，我也很無奈，不能都怪我。）

「如果……我很抱歉！」（有條件地道歉。）

「那你現在可以原諒我了嗎？」（強迫對方即時馬上要原諒。）

🦋 有效道歉六部曲

1. **真誠道歉**：真心誠意，眼神接觸，語氣平和，誠懇致歉：「對不起」、「很抱歉」、「我錯了」、「很遺憾」、「不好意思」，「請原諒我」、「都怪我不好」、「都是我的錯」、「我真的不是故意的」、「我沒想到會這樣」……。注意，若只是把這些道歉的話當成口頭禪，一犯再犯，不知悔改，別人也會將你的道歉當做耳邊風，毫無意義。問問自己，你只是很會道歉，還是真心認錯？

2. **深刻反省**：具體解釋自己為什麼犯錯？錯在哪裡？

3. **確實改進**：清楚表明自己願意改進、盡快改進、如何改進？

4. **請求補償**：給出承諾，說明自己願意負擔的責任，提出補償辦法。

5. **感謝原諒**：感謝對方能接受道歉或補償，表明自己很珍惜這份情誼或這個機會。

6. **再次抱歉**：若對方不能接受，再次道歉，表明理解對方心情和決定，願意等待對方的原諒！但也無須一直糾結，因為人生苦短，盡力就好。

司馬遷在《史記・廉頗藺相如列傳》講述戰國時代，藺相如因澠池之會，完璧歸趙，被趙王拜為上卿，大將軍廉頗

忿忿不平，說道：「我身為趙國將軍，有著攻城、作戰獲勝之大功，而藺相如只是以伶牙俐齒出眾，現在竟然位居於我之上。而且藺相如出身卑賤，要我位居其下，對我而言實在是極大的侮辱。」廉頗並對外宣稱，如果他看到藺相如，必定對其大加羞辱一番。

藺相如在得知此事後，盡量不與廉頗會面。在早朝時，經常稱病不去。有一次，藺相如出門時，在遠處望見廉頗，即時改變行車方向以躲避他。但這個舉動使得其門客感到羞恥，質疑藺相如膽小怕事。藺相如無奈解釋：「大家認為廉將軍可否與秦王相比？」眾人回答：「不可。」

藺相如說：「即使以秦王之淫威，我也敢在大殿上對其叱喝，並羞辱秦國群臣。我雖然不是什麼勇者，但怎麼可能怕廉將軍？其實我只是顧念趙國社稷，強秦之所以不敢攻打趙國，是因為有我們兩個人在。兩虎相鬥，必有一傷，如果我公然跟廉將軍鬧翻，秦國必定趁機出兵攻趙，那趙國就危險了。我之所以如此躲避廉將軍，實在是因為國家大事遠較個人恩怨為重啊！」

廉頗在聽聞此事後，立即袒露背部，並背負荊棘至藺相如家門前道歉請罪。廉頗說：「我真是個鄙賤的人，竟然不知丞相如此寬宏大量，為大局想，因而來此謝罪。」

而藺相如亦接受了其道歉，原諒廉頗，兩人還成為最互補且要好的摯友，一起為趙國效力。這就是歷史上著名道歉

及原諒的經典個案「負荊請罪」的由來。

廉頗狠狠地羞辱自己，真誠無懼地表達自己的羞恥與愧疚。若真心覺得做錯事，希望別人原諒，就不要怕丟臉，付出代價，才有機會換取原諒。其實真心即刻道歉並不丟臉，而是一種被討厭的勇氣、成熟的態度、真誠的表達和溝通的智慧。

✊ 你會道歉嗎？

道歉三問：

1. 為什麼我要道歉？
2. 我要怎麼樣道歉？
3. 道歉範圍和底線？

道歉的「人、事、時、地、物」包括：我要跟誰道歉？我要為什麼事道歉？我要何時道歉？我要在哪道歉？我要帶什麼東西去道歉？（還什麼？賠什麼？憑什麼？）

不只個人的溝通表達，「危機處理」是很多企業一直學不好的課題，當「道歉」成為企業減輕傷害、降低損失，維護品牌非做不可的事，企業老闆或高管該深刻反省的是：我們為什麼要道歉？該為什麼事情道歉？該派誰去代表企業道歉？要對誰道歉？道歉的代價和價值為何？這考驗企業的應變能力，也可看出負責人的決策智慧與勇氣。

2016 年美國奧蘭多迪士尼樂園發生了鱷魚攻擊小男孩

蘭恩・格雷夫斯（Lane Graves）致死事件，前迪士尼董事長兼執行長羅伯特・艾格（Robert Iger）當時是這樣道歉的：「身為一位父親和祖父，在這個損失的時刻，我的心與格雷夫斯一家同在，我的思念和祈禱與他們同在，我知道迪士尼的每個人都和我一樣，表達最深切的同情。」

事件發生時，艾格正在參加上海迪士尼樂園開幕活動，他一方面派奧蘭多迪士尼樂園的負責人立刻趕回處理，另一方面與受害者的父親第一時間通電話表達慰問：「我既是父親也是祖父，我無法想像，你們正在經歷的一切。我是迪士尼的最高階主管，我希望你們知道，我們將竭盡所能地幫助你們度過難關。」

作為一位資深的執行長，他絕對知道，任意與受害者家屬溝通可能造成的法律責任或損害賠償，但正因為他的同理心，選擇善意的溝通，讓對方願意放下仇恨與悲傷，並表示原諒：「答應我，不會讓我的兒子白白犧牲。」後來迪士尼順利跟被害人家屬和解，並以孩子的名義成立紀念基金會。

帶著深度同理心的道歉，往往比較能被對方接受，增加信任、建立關係、解決紛爭、減少衝突、降低事件的殺傷力。而道歉效果的好壞，取決於危機處理時，溝通表達的用字遣詞。道歉時說對話，將產生事半功倍的效果。

🤜 最有感的道歉用語

人們對怎樣的道歉用語最有感呢？

研究調查發現，人們對於承擔責任與提出補償或改善做法最有感覺，畢竟「表達遺憾，口頭扛責」都只是廉價的口惠，沒有太大的實質意義與幫助。無論企業或個人的道歉，人們希望聽到的是「**我願意承擔應負責任**」、「**我願意採取具體行動**」、「**我願意盡力修復錯誤**」，這才是道歉最有效且最高的指導原則，至於表達遺憾、後悔或請求原諒，大多數人比較無感。

此外，人們傾向接受「能力不足」的道歉，而對於「缺乏誠信」的道歉，比較無法接受。無論個人或企業道歉時，謙卑的語氣、真誠的態度、情緒的掌控，以及眼神的專注，都會影響人們的觀感、想法及道歉的效果。掌握社會觀感，也就是人們最在意的感受，並且訴求將心比心的同理心。

人生在世，有捨才有得，有需求才有供給，但是，有道歉，不一定有寬恕或原諒。

好萊塢巨星威爾‧史密斯（Will Smith）在 2022 年 3 月以《王者理查》榮獲奧斯卡影帝，但他卻在頒獎典禮上掌摑拿他妻子開玩笑的頒獎人克里斯‧洛克（Chris Rock），此舉不僅讓電影界盛會蒙上陰影，也讓他的形象與事業跌到谷底。後來他主動辭去美國影藝學院成員身分，並被影藝學院處以

10 年不得參加奧斯卡典禮禁令。

　　事後他到印度靈修、閉關反省了近四個月後，親錄影片再度對當事人洛克與其家人致歉，但仍未被當事人接受。威爾向當事人喊話：「克里斯，我想對你鄭重的道歉，我的行為是不能被接受的，等你願意談這件事時，我都會在這裡。」過了四個月的道歉，不確定有沒有誠意，但肯定很慎重，才會思考那麼久。早知如此，何必當初？溝通，真的很重要！

你會原諒嗎？

　　寬恕、原諒，是一種自願行為，指的是受害者放棄針對加害方的消極感情（憎恨、復仇等），甚至還能祝對方好。寬恕常被視為一種美德，是修行上一個很重要的起點。沒有寬恕的心，再怎麼講「愛」都是不足的。

　　「對不起」不等於「沒關係」或「沒事了」，正常的溝通，並不是你道歉了別人就應該、一定、馬上、現在就要原諒你。無論如何，正確的人際溝通要感謝對方的體諒、原諒，並尊重對方目前還無法原諒的心情和狀態。時間，是一種良藥、一種解方，就看你能不能禁得起考驗。

　　問問自己：

1. 我可以選擇原諒，並且不會懊惱、悔恨、後悔、埋怨自己的選擇嗎？

2. 選擇原諒，會讓我的心情更平靜或更愉悅？有一種

圓融踏實的滿足感？自己的日子更好過，雙方的關係變更好，明天會更好嗎？

3. 選擇不原諒，會讓我的心情更平靜或更愉悅？有一種圓融踏實的滿足感？自己的日子更好過，雙方的關係變更好，明天會更好嗎？

人生，有時只是一種選擇，我們很難每次都做出完美、正確、無憾的選擇，只能在每個不同的狀況下，盡可能地對得起自己，做出一個比較好的選擇。但是不管做了怎樣的選擇，千萬別忘記，要繼續疼愛自己、肯定自己、相信自己，因為你值得。

✊ 退後原來是向前

我們來看看，這樣到底算不算原諒？

「算了！」、「夠了！」、「沒關係！」、「懶得理你！」、「我無所謂！」、「不跟你計較！」、「不跟你一般見識！」

「算了！」不是對別人寬容，而是對自己溫柔，不用別人的過錯來懲罰自己。「夠了！」人生的路還很遠，別擋在前面礙眼；未來日子還很長，放手才能繼續成長。

「原諒」和「姑息」不同，端看這樣錯誤的言語或行為是否停止或改進，還是持續發生，甚至變本加厲？「原諒」能緩和情緒，建立關係，「姑息」則會養奸，後患無窮。

　　「原諒他們是上帝的事，而我的任務，是送他們去見上帝。」這段話出自 2004 年美國動作電影《火線救援》（Man on Fire）。劇情講述前特種兵為了營救被綁架的女孩，與恐怖份子之間的周旋對抗。我們只是一般人，雖然不用送對方去見上帝，但是，原不原諒是每個人的自由和權利，不用幫別人做決定，對吧？

　　最後，送各位讀者一首很有意境的好詩，做為本篇的小結：「手把青秧插滿田，低頭便見水中天；六根清淨方為道，退後原來是向前。」

　　道歉是一種勇氣與修養，原諒是一種智慧與修練，如果目前還不容易做到，那就繼續「修」吧！人生很短，也很長。

Q A 問問自己，聆聽內在小聲音

1. 我會道歉嗎？我能原諒嗎？
2. 如果我更會表達道歉和接受原諒，我的溝通會不會更順暢？人際關係會不會更好？
3. 這一篇哪段話或哪個故事最打動我，讓我有即刻改變的念頭？
4. 從今天起，我要怎麼做，才能在溝通或表達時，有效運用「道歉和原諒的力量」，讓自己更好？
   我的行動承諾是：＿＿＿＿＿＿＿＿＿＿＿＿

08
感恩的力量

2020 年東京奧運舉重金牌選手、臺灣舉重天后郭婞淳說：「**最好的感恩，就是回饋。**」

2014 年初夏，郭婞淳在準備仁川亞運集訓練習時，不慎被滑落的槓鈴壓傷，右大腿股外側肌肉 80％斷裂。在輪椅代步期間，由楊定一博士協助治療，並在臺北長庚的身心靈轉換中心休養。中心創辦人楊定一博士要她先專心養傷，重建肌肉，保留元氣，教她透過呼吸的方法來面對賽事的壓力，並告訴她要正面思考、要相信腳很快就會好，使她充滿正面能量。傷癒時，楊博士再三叮嚀：「婞淳，你能走到這裡，要感謝很多人，要用愛和感恩的心，面對自己、團隊以及比賽的對手。如果有能力，別忘了把這份愛回饋出去。」

結果，她趕上了亞運，拿到第 4 名！這個傷讓郭婞淳學會了對生命感恩，懂得感恩的人，才能獲得最大的能量。她說：「我看過這樣幫助自己的人，就希望自己也可以成為那樣的人，去影響另一個人。」於是，她捐款給需要幫助的單位，空出訓練以外的時間參與公益活動，擔任公益大使，

提供更多資源給需要幫助的人。她把外界贊助的物資帶回臺東，當成家鄉學弟妹辛苦練習的禮物。

練習感恩更快樂

郭婞淳憑藉著正向感恩的力量，透過不同形式的溝通與表達，分享自己的故事，用生命去影響生命，希望自己能影響到更多人，帶給其他人更多力量。她說：「當你擁有能力幫助別人、影響別人的時候，別吝嗇你的力量，哪怕只有一句話，一個舉動！」

「相信所有的挫折，都是上天最好的安排！」無論是受傷、奪金失敗，她始終相信「老天爺要你多成功，就會給你多少挫折與磨練」。將所有不完美當作未來成功時的養分，郭婞淳舉起的不只是重量，更是希望！

卡內基的經典名著《如何停止憂慮，開創人生》，是我讀政大時的床頭書。2012 年上過卡內基的溝通課程，也曾應卡內基老師邀請，回去擔任過兩次學長。我很認同卡內基說的：「耶穌治好十個瘸子，只有一個回去跟他道謝。」預期人們大多不懂感恩，凡事不抱太大希望，就不會有太多失望，你會活得比較快樂。施比受有福，對嗎？

賓州大學華頓商學院有一項研究顯示，練習感恩能讓員工更快樂，也能讓他們變得更好、更努力工作，那些感恩實踐者，通常工作的效率會更高。

台積電創辦人張忠謀說：「人生不如意的事十之八九，常思一二！」想到我還擁有的，想到我順風順水的時刻，至少平安、還算健康，便怡然自得，不亦樂乎。感恩是有力量的，讓我們少些「失」的感覺，多些「得」的感受，失而復得，人生無憾。

你今天感恩了嗎？

感恩是一種**溝通**，對內自覺，保有喜悅與滿足；對外感謝，常得人心與信任。感恩是一種**表達**，傳遞價值觀與美德。感恩是一種**正念**，早上醒來深呼吸，珍惜當下，感謝今天又可以活出自己全新的生命。感恩是一種**親和**，留下好印象，建立好關係。感恩是一種**共好**，讓你看見別人對你的支持和肯定。感恩是一種**修養**，讓你學會控制自己的情緒，提高耐心，看淡看開，適然自在。

感恩是一種**珍惜**，不對過去事物感到後悔，把握此時此刻，學會放下，活在當下。感恩是一種**謙遜**，不會將一切視為理所當然，沒有誰非幫誰不可。感恩是一種**慈悲**，隨著感恩增加，學會寬恕，原諒的能力就會增強。感恩是一種**知足**，降低對物質的欲望，只看擁有的，把握擁有的，珍惜擁有的。

感恩是一種**快樂**，把每天都當成美好的一天，你就會變得比較開心。感恩是一種**福份**，感謝生命中的貴人，也感謝

生命中的過客。感恩是一種**溫柔**，不多抱怨，不亂苛責，如春風輕拂大地般地柔順。

感恩是一種**回饋**，任何曾經幫助過你的人，向你伸出過援手的人，要找機會償還。感恩是一種**力量**，給予越多，得到越多，付出者收穫。

我總是教我六歲的兒子，要會珍惜，要懂感恩，學習成績靠自己的努力，珍惜感恩靠父母的教育。願孩子能夠學會珍惜，懂得感恩，健康平安，樂活一生。

長懷感謝心，人生更有力（利）！

親愛的讀者，你懂感恩嗎？你會感恩嗎？你今天感恩了嗎？

Q A 問問自己，聆聽內在小聲音

1. 我是個會感恩的人嗎？
2. 如果我有一顆感恩的心，我的溝通會不會更順暢？人生會不會更美好？
3. 這一篇哪段話或哪個故事最打動我，讓我有即刻改變的念頭？
4. 從今天起，我要怎麼做，才能在溝通或表達時，有效運用「感恩的力量」，讓自己更好？我的行動承諾是：＿＿＿＿＿＿＿＿

09
讚美的力量

🤜 卡內基式的鼓勵

　　戴爾‧卡內基是 20 世紀最有影響力的人物之一，被譽為「成人教育之父」。他出生在美國鄉下的一個貧苦家庭，是當地公認的淘氣孩子，鄰居們都不喜歡他，而他的父親也經常為了他的事情頭疼。

　　卡內基九歲那年父親再婚，很幸運地，繼母是一個高貴且有教養的人，父親向繼母介紹卡內基時說：「親愛的，他是全鎮最壞的孩子，他只會做一些壞事，你最好別靠近他。」

　　卡內基以為繼母會聽從父親的意見，但繼母卻帶著微笑走到卡內基面前，對卡內基的父親說：「你錯了，卡內基不是全鎮最壞的孩子，相反地，他是最聰明的孩子，只是他的聰明才智還沒被發掘出來，他將來肯定是最有出息的孩子。」

　　繼母的話讓卡內基心裡瞬間充滿溫暖，流下了眼淚，因為在此之前，從來沒有人稱讚過他，他聽到的都只是責罵和批評。就因為這段讚美的話，卡內基開始努力學習，改變了

自己一生的命運。

　　卡內基 14 歲時，繼母幫他買了一臺二手打字機，鼓勵他寫作，他也開始向當地的報紙投稿。繼母用讚美和獨到的教育方式，改變了卡內基，也為他以後的成功奠定了基礎，幫助無數人找到更有價值的生命。無論任何人，都希望聽到讚美的話，那是真誠的鼓勵，也是良性的鞭策。

　　股神華倫・巴菲特（Warren Buffett）在年少時期並不是個快樂的人，他原本內向、害羞和退縮的個性，是在二十幾歲參加卡內基訓練之後改變的。沒錯！就是上面提到的「成人教育之父」戴爾・卡內基的訓練課程。巴菲特在自傳《雪球》裡多次提到卡內基，講到他如何從退縮害羞變得有自信，懂得跟別人溝通，成為一個成功的企業家，甚至讓他娶到老婆。

　　巴菲特在書中所呈現的形象，是一位討人喜歡的老闆，員工都很喜歡跟他一起工作，因為他很會讚美別人。他從不發脾氣、從不朝令夕改、從不對任何人說粗話、從不痛罵或挑剔員工，也不會事後批評別人的工作成果；相反地，他只透過讚美與重視的力量，用尊重做好管理，讓員工自動自發把工作做到最好。

　　巴菲特運用「卡內基式的鼓勵」來做管理，首先，他找到像自己一樣努力工作並一心追求完美的人，接下來，除了真誠關心他們、稱讚他們，以及善用卡內基的一些溝通技

巧，就不再多管，充分授權。他落實卡內基的金科玉律：「**給予真誠的讚賞與感謝**」，給員工一個願意全力追求的榮譽，看似無為、實則有效的管理溝通心法，輕鬆地讓員工獲致卓越的成就。

巴菲特曾表示：「亞馬遜（Amazon）首席執行官傑夫・貝佐斯（Jeff Bezos）是我們這個時代最卓越的商業人士。」之後，在亞馬遜股東大會上，投資者問貝佐斯怎麼看待巴菲特的評價，貝佐斯表示：「巴菲特的讚美對我非常有意義，因為他對我來說是個英雄，我讀過他所有的書。」惺惺相惜的英雄惜英雄，這，就是讚美的力量！

練習讚美

坦白說，我必須承認，我以前不太會讚美別人，也不太懂要如何接受別人的稱讚，這可能是因為：

- 個性害羞內向，性情自閉木訥，不太善於交際，或是缺乏自信。

- 太重視面子，太在乎自己，怕被別人誤會或視為阿諛、奉承、虛偽、逢迎、諂媚或拍馬屁，或是害怕稱讚對方後的回應不如預期。

- 不知道如何讚美他人？換句話說，不知道如何恰到好處、恰如其分、有效精準地讚美。

- 對於「讚美」這件事，有些莫名的排斥或恐懼，覺

得別人的稱讚很假或不夠真誠；害怕自己的稱讚沒有到位，不夠水準。

你也有跟我一樣的症狀嗎？其實只要真心誠意，堅定自信，無論讚美他人或接受讚美，真的沒有那麼難。以下的心態、觀念、技巧、方法供你參考，我們一起加油！

- 讚美別人時，要真誠平穩，明確有據。帶著微笑，看著對方，說明對方的優點、亮點、特色、好處與強項，表明為何值得稱讚，有何價值或幫助？甚至想要效法學習。

- 接受讚美時，要坦然接受，欣然感謝。帶著微笑，開心面對，看著對方說謝謝。

- 找到合情合理、適度適量、精準到位的讚美點：

1. 外在形象、面相、衣著、風度、談吐；言行、舉止，表現，成就、態度；學歷、事業、社團、公司和家庭……

2. 內在個性、品格、德行、學識、見識、修養、觀點、論述、專長、技能、價值觀、人格特質和身體素質……

問問自己，以上哪些是初次見面就可以用來稱讚對方的點？哪些需要有一定的認識或觀察，才能稱讚對方，不至於失禮冒昧、唐突敷衍？

讚美十要與五不

讚美十要：

1. **要用心找讚美點！**

2. **要精準投其所好！**

3. **要注意表達技巧！**

4. **要立馬即時趁早！**

5. **要因人適度適量！**

6. **要認真仔細觀察！**

7. **要敢表達說出口！**

8. **詞彙要多元豐富！**

9. **聲音要熱情豐沛！**

10. **眼神表情要真誠！**

讚美五不：不浮誇、不敷衍、不拖延、不虛偽、不隨便。

讚美的五大關鍵：**真誠的心、開闊的心、包容的心、詞彙能力**，以及**善用五感力**（視、聽、味、觸、嗅）：看到、聽到、感覺到。

至聖先師孔子的得意門生顏淵（回）讚美他老師的話，流傳千年成佳話。

顏淵喟然歎曰：「仰之彌高，鑽之彌堅；瞻之在前，忽焉在後。夫子循循然善誘人，博我以文，約我以禮。欲罷不能，既竭吾才，如有所立卓爾。雖欲從之，末由也已。」

白話翻譯是：「老師的學問越仰望越覺得高不可及，越鑽研越覺得深厚無比；明明看著就在前面，忽然卻在後面。老師一步一步循序漸進地引導我，用知識豐富我，用禮法約束我，讓我無法停止學習。我竭盡全力，卻仍然像有座高山矗立眼前。我想要追隨上去，進而攀上去，卻找不到前進的路徑。」

顏回的話，好似周星馳電影裡常有的臺詞：「我對您的景仰，有如滔滔江水，連綿不絕；又如黃河氾濫，一發不可收拾！」

🖐 讚美假設法

努力想像對方是你的貴人、長官、長輩、部屬、孩子、另一半，你會怎麼讚美他呢？

香港 60 年代的玉女掌門人周慧敏從她的公公——已故科幻大師倪匡身上，學習到正向和讚美。她曾在訪談中表示，自己最欣賞倪匡愛讚美人，那種讚美的態度，讓周慧敏覺得好有「童真」。她誠心地讚美倪匡：「我公公心目中永遠保持一個讚美的態度，他對任何事情都能找到讚美的角度，無論對人或對事。我覺得他活得很快樂，認識他那麼久，從他身上學到這點，讓我變得正面。」

從政的人學會讚美，能幫你減少敵人，贏得支持；從商的人學會讚美，能幫你增加客戶，贏得財富；領導的人學會

讚美，能幫你激勵下屬，贏得尊敬；做為員工學會讚美，能幫你建立親和，贏得信任；身為父母學會讚美，能幫你鼓勵孩子，贏得未來。

舉例說明：

■ 讚美同事

「Alan，你知道嗎？我覺得你非常幽默，跟你說話真的很有趣。每次開會或討論事情的時候，只要有你在，大家都會覺得比較輕鬆自在；你點子多、創意足、邏輯能力強，真心要給你按個讚！每當我心情不好，跟你抱怨吐苦水，你總是會用同理心和溫暖的話語，來安慰我鼓勵我：叫我再接再勵，不要輕言放棄。你不只是工作上的好夥伴，更是一位值得信賴的好朋友！」

■ 讚美部屬

「Kelly，我要跟你說聲謝謝！一直以來，你都是我們團隊業績重要的支柱，我從來不用擔心你的目標數字。更讓人敬佩的是，你不僅自己做得好，也很樂於分享，鼓勵其他夥伴，告訴他們銷售成交沒有捷徑，專業努力才是真理！每當有同事請教你商品要如何熱賣，你總是認真無私，充滿笑容地分享你成功 Close 的經驗和眉角，你不只教大家銷售技巧，更不斷地提醒我們正確的銷售心態和觀念。有你在這個團隊做大家學習成長的標竿，不只我覺得很輕鬆，同仁們也都感到很幸福！ Kelly，我真的要謝謝你。」

　　讚美，需要練習才有力量，快去讚美身邊值得讚美的親朋好友吧！

Q A 問問自己，聆聽內在小聲音

1. 我會常常讚美他人嗎？

2. 如果我更常精準讚美別人，我的溝通會不會更順暢？人生會不會更美好？

3. 這一篇哪段話或哪個故事最打動我，讓我有即刻改變的念頭？

4. 從今天起，我要怎麼做，才能在溝通或表達時，有效運用「讚美的力量」，讓自己更好？我的行動承諾是：＿＿＿＿＿＿＿＿＿＿

10
鼓勵的力量

　　我每年都會參加年底的臺北馬拉松半馬路跑（21K），有一年的路跑，天氣特別炎熱，對跑者而言是很大的挑戰。當我跑到快剩下 5 公里的路段時，我跟自己內心的溝通對話是：「我不行了，跑不動了，有夠熱的！今天就跑到這，剩下用走的就好，反正在大會規定的時間內回來就達標，不要這麼折騰自己。」

　　此刻腳步踉蹌、昏頭轉向的我，忽然看到路邊有位穿著兄弟象黃衫軍的老兄，高舉著牌子為跑者們加油打氣，上面寫著：「Never Give Up！訓練這麼久，不是今天來放棄的！」

　　說也奇怪，原本步履蹣跚、感覺氣力放盡的我，就像喝了「保力達蠻牛」一樣，突然忘了腳疼的窘境，提起精神繼續跑完剩下的里程，衝往終點。

　　對了！站在這位兄弟旁邊，還有一位小姐也舉著牌子，上面寫著：「快跑！這裡有人放屁！」這也有另類療癒鼓勵的效果喔！無論如何，非常感謝他們，人都需要被鼓勵，不管用怎樣的溝通工具，表達方式都好。

😊 學長的金口

當兵時，我隸屬於陸一特裝甲戰車營的戰車精誠連，要練奪刀、奪槍、摔角和攀降等特殊戰技。記得第一次練攀降時，我們全副武裝（戴鋼盔、紮 S 腰帶、配刺刀、背著 65K2 步槍），全身綁得跟肉粽一樣，就像香港警匪片中的飛虎隊，從六樓天臺沿著大樓外牆一躍而下。但我從小就有懼高症，在天臺，當全身都懸吊在外牆時，死抓著學長不放手。

這時，一位本業在宜蘭養豬的張姓學長說話了：「鄭立德，不要忘記，你是政大畢業的喔！」（奇怪勒，這跟高樓攀降有啥關係呀？）不知道他為何在那個時間點說那樣的話，但一聽完他另類鼓勵的那一秒，我欣然放手，蹬了外牆幾下就到了地面，而這一蹬竟然蹬出勇氣和信心，最後連續攀降了好幾回，再也不害怕，這就是鼓勵的力量！

學長這番鼓勵的話有些無厘頭，日後卻成為我的正向心錨，每當遇到困難、感到怯懦的時候，都能拿出來跟自己溝通、鼓勵自己，當作行動的推進器。

還記得剛下部隊時，因為不熟悉環境，某晚在準備去上哨站衛兵的路上，一腳踏空壕溝（可以跳下去掃落葉的深溝），頭垂直 90 度撞到地面，眼鏡噴飛，血流如注，瞬間的念頭是：「怎麼會是我？」

當意識清醒的我被學長們狂奔背去衛生連的醫務室時，

醫官說：「太陽穴附近的傷口很深，可能要縫好幾針！」我一想到才剛來當兵，臉上就要留疤，抵死不從，堅持不讓他縫。就在這個關鍵時刻，那位張姓學長又開金口說話了：「鄭立德，沒關係啦！張學友臉上也有疤！」不知為何，這段話就像醫官幫我打了鎮定劑一樣（其實軍中連麻醉針都很缺乏），我不再掙扎，乖乖就範。學長，謝啦！我衷心佩服你！

為自己加油打氣

在本書前言中提到，「溝通」的兩大課題包括「**內在溝通**」和「**外在溝通**」。每當你遇到挫折、失敗、犯錯、恐懼、遲疑、困難或逆境時，你都怎樣安慰自己、鼓勵自己，為自己加油打氣？還是咒罵自己「沒救了！」、「這下完蛋了！」或怪自己「我怎麼那麼笨？」、「我就是個魯蛇！」

這是自我溝通的內心對話，有正面也有負面。同樣的情形，你又是如何鼓勵別人、幫助別人，給人希望與力量？還是一味指責對方：「都怪你！」、「你錯了！」、「你真差勁！」、「有你這種豬隊友，我還需要敵人嗎？」這是與他人溝通的內容和對話。

無論對內或對外，我們都需要用正面的語言和能量，讓自己或幫別人度過難關、衝出黑暗，迎向光明的未來。要能鼓勵別人，更要懂得先激勵自己，為自己加油打氣，己立而

立人，己達而達人，先幫到自己才能幫助別人，千萬不要弄錯優先順序，本末倒置。

你可以在鏡子前，深吸一口氣（多吸幾口也無妨），擺出超人或是神力女超人的 pose（復仇者聯盟還有很多英雄角色可以選擇，你喜歡當毀滅者薩諾斯也行），就是要提醒自己、鼓勵自己、告訴自己，你是最棒的！

鼓勵的話，有用說的讓人聽到，有用寫的讓人看到，有放在心底的，讓人感覺到。我的書桌前，在牆壁上貼滿了我這些年用來鼓勵自己的話，與你分享：

- 全神貫注，恍然大悟！
- 莫忘初衷，不負所託！
- 義無反顧，全力以赴！
- 念念不忘，必有回響！
- 彎得下腰，沉得住氣，抬得起頭！
- 人爭一口氣，花香蝶自來；向著陽光走，希望永遠在！
- 事能知足心常泰，人到無求品自高！
- 適當運動多喝水，照表操課早點睡；莫忘初衷撐著點，健康瀟灑走一回。
- 十年磨一劍，展翅任我飛；勝負轉頭空，瀟灑走一回！
- 無論順境或逆境，千萬記住我是誰！

- 保持專注，全力以赴；克服心魔，立地成佛。
- 早起是一種態度、精神、自信和力量。
- 名符其實，物超所值。
- 能走，能跑，能跳；能吃，能睡，能笑；親朋好友圍繞，人生沒啥煩惱。
- 輕鬆點，你已經夠努力了；別抱怨，你已經夠幸運了！
- 無論勝負，比賽終會落幕；不畏成敗，人生努力完賽。
- 當你懷疑自己，不妨想想那些相信你行的人！
- 莫忘初心，來此做甚？盡我所能，不枉此生。
- 成功三信：信念、信心、信任。
- 成功，就是一再失敗，卻永保熱忱！

有沒有很激勵？有沒有很熱血？有沒有讓你想要一試再試，直到成功為止？

- 多一句讚美、少一句批評。
- 多一點肯定、少一點否定。
- 多一些體諒，少一些爭讓。
- 多幾分鼓勵，少幾分挑剔。
- 多給予包容，少出言刻薄。
- 多釋放溫暖，少潑灑冷水。
- 多換位思考，少主觀責備。

- 多一點溝通，少一點錯怪。

- 多一些幽默，少一些嚴肅。

廣而言之，這就是積極有效，正向鼓勵的「溝通表達力」！看了有感動、熱血沸騰嗎？問問自己，現在多什麼、少什麼？你的水庫還有水嗎？你的油箱還有油嗎？

找到最能鼓勵自己的工作動機

在職場中，**工作績效表現＝工作所需的專業知識及技巧**（能力＋對能力的自信）X **鼓勵和激勵**（追求的工作動機 X 對成功可能性的自我期許）

每個人的價值觀和需求不同，看看下列十二項工作動機，你最需要哪一種鼓勵或動力？幫自己排一排你的優先順序：

1. **自尊**：對自我價值的看法，在群體中自認出眾的程度。

2. **表揚**：因表現優良獲得實質或精神上的獎勵。

3. **成就感**：克服障礙，完成工作、達成目標後的感覺。

4. **金錢**：工作能帶給個人財務收入之多寡。

5. **聲望**：獲得同事、公司、社團組織或事業夥伴的尊敬程度。

6. **權力**：能夠控制，影響及掌握自己與他人命運的能力和感覺。

7. **壓力**：不斷提升工作績效表現的需要或感覺。

8. **獨立性**：按照自己的想法進行工作，獨立管理，成為自己的老闆。

9. **安定感**：維持現有工作的穩定性，明天會更好的感覺程度。

10. **休閒時間**：可以按照自己意願，安排非工作時間的滿足程度。

11. **個人成長**：個人能提升成長的空間，能夠變得更有能力和效率的感覺。

12. **家庭生活**：與家人相處生活的時間和品質。

找到最能鼓勵自己的前三項工作動機，幫助你的朋友或員工找到他的前三項動能，就可以事半功倍、樂在工作、創造高業績。

🦑 天天都過好日子

本篇最後要分享父親在我 10 歲那一年寫給我手刻版的書信，當時年紀太小看不懂，現在才發現，原來父親想要跟我溝通表達的，是想鼓勵我保有早起的好習慣：

「早起的民族，堅強不屈；早起的人則勤勞樂觀。如此美好開始的一天，將使你一整天的工作和生活充滿活力、幹勁、信心和希望。」

而父親覺得「天天都過好日子」的七個祕訣是：

1. **對簡單事物保持興趣**：正念慢活，聚焦覺察。
2. **不要老擔心生病**：卡內基也說，失眠不可怕，可怕的是「擔憂失眠」。
3. **盡量喜歡工作**：找到一份相信、願意、值得的工作，盡我所能！
4. **廣交朋友，積極做人**：誠信待人，熱情分享！
5. **養成樂天愉快的習慣**：向著陽光走，希望永遠在！
6. **對問題當機立斷**：堅定信念，勇敢果決，選擇不後悔！
7. **珍惜眼前好時光**：樂在其中，活在當下！

這，就是父親留給我「鼓勵的力量」，與你分享！

問問自己，聆聽內在小聲音

1. 我總是會鼓勵自己，激勵他人嗎？
2. 如果我更會激勵彼此，溝通會不會更順暢？人生會不會更美好？
3. 這一篇哪段話或哪個故事最打動我，讓我有即刻改變的念頭？
4. 從今天起，我要怎麼做，才能在溝通或表達時，有效運用「鼓勵的力量」，讓自己更好？我的行動承諾是：＿＿＿＿＿＿＿＿

11
幽默的力量

　　英國女王伊麗莎白二世曾與一群美國觀光客在蘇格蘭王室居住地——家鄉巴爾莫勒爾（Balmoral）巧遇。當時雖然她身邊跟著一名隨從，但是觀光客並沒有認出全身包緊緊的女王，還問：「你有沒有看過女王？」女王當時回答「沒有」，不過卻指向身邊的隨從說：「但是他有。」

　　還有一次女王私下自己去買東西，當時店員跟她說：「你長得像女王！」女王幽默回應：「那我就放心了！」

王者的幽默

　　英國的歷史學家說，伊麗莎白二世成功的關鍵之一，就是她並不覺得自己了不起，反而常常自嘲，有著自身獨特的幽默感。一位政治人物在與女王會面時突然手機響了，讓他感到很不好意思地趕快關機。女王幽默地說：「我希望那不是什麼重要人物。」

　　她和美國已故總統雷根有好交情，有一次在舊金山的國宴上，外面正下著大雨，女王一臉正經地說：「我在來這裡

之前就知道，我們出口很多『傳統』到美國，但我沒料到，『天氣』竟然也是其中一項。」她的幽默，瞬間讓現場充滿笑聲與掌聲。（女王的意思是：英國常有陰雨，而加州通常很少下雨。）

伊麗莎白二世在1991年對全英國人民的聖誕致辭時，對自己的幽默感做了完美詮釋：「別把自己太當回事，沒有人是完全的智者。」

雷根（Reagan）是美國歷史上極受歡迎及推崇的共和黨總統，他辯才無礙、樂觀幽默，溝通表達能力一流，被稱為「偉大的溝通者」。雷根的幽默讓嚴肅的美國政壇多了許多笑聲和掌聲；雷根的樂觀為人民帶來快樂、希望和信心。

他總是帶著微笑，以喜悅的心情看待美國和人生。在得了「失憶症」向美國人民告別之際，他說：「將開始自己生命的夕陽之旅，但美國的前面永遠是太陽升起的早晨。」雷根的正向、樂觀和幽默，給了他獨特的溝通表達魅力。

雷根競選連任時已經73歲，對手比他年輕許多，在電視辯論會上，被記者問到如何面對自己年齡過大的問題時，他一本正經地認真回答：「請放心！我不會拿年紀做為選戰的議題。我不會為了政治目的，而拿對手的年輕、沒經驗大作文章。我絕不會占我對手年輕和缺乏經驗的便宜。」連對手聽了都忍不住哈哈大笑，這個幽默的答案博得滿堂彩，也無形中化解了選民對雷根年齡過大的疑慮。

另外，雷根偶爾也會拿自己的年齡開玩笑，有一次在英國一座 15 世紀的大樓裡演講，他說：「與比我更老的東西在一起，真讓我感覺舒服。這次我當選總統，就是要試圖向我們的歐洲朋友展示，其實我們美國也是尊重古物的。」

共和黨的總統雷根在上任不久後遭到槍擊，在被送上手術臺之際，他還不忘幽醫生們一默：「我希望你們都是共和黨。」而醫生的回答更體現了美國人在關鍵時刻的國家意識，他們說：「總統先生，今天我們都是共和黨！」

✊ 幽默是真理的輕鬆面

美國幽默大師、《湯姆歷險記》作者、知名作家馬克吐溫（Mark Twain）說：「**幽默，是真理的輕鬆面！**」幽默不只是說笑話，而是用輕鬆有趣的言語，隱含了人生智慧與生活哲理。

史上唯一同獲奧斯卡金像獎及諾貝爾文學獎的大作家——愛爾蘭的幽默大師蕭伯納（Bernard Shaw）說：「其實呢！真正的笑話，就是我說的並非笑話。」就算是笑話，也不只為了讓人愉悅開心，而是帶有隱喻和啟發在內，使人易於理解、會心一笑、發人省思。

「幽默」（Humour）意指：使人感到好笑、有趣、輕鬆、開心、愉快、喜悅、詼諧、滑稽的行為舉止或語言文字，與幽默風雅、耐人尋味的「風趣」涵義相近，讓人覺得意境

趣味、含蓄深刻或意味深長。

「幽默感」則是一種用輕鬆包容的態度，運用幽默表達內心思想，處理嚴肅問題，避免爭執衝突的能力。

適度的幽默可以自娛娛人、有效溝通，增添生活情趣，輕鬆化解讓人難堪的局面，增進人際關係。妙語如珠的幽默表達，不只一開口就吸睛，讓人願意聽你說，消除隔閡，引人入勝，更能化解生活中的尷尬或衝突，增加好感、信任感及說服力，與他人建立更親和正面的關係。

著名的文學家幽默大師林語堂說：「**人生在世，還不是有時笑笑人家，有時給人家笑笑。**」

他說：「人與人之間，溝通的語言是有親切感的。你只要說出你的真意，世界上似乎不會沒有與你同感的人。」

他又說：「怎樣做個好丈夫？就是太太喜歡的時候，你跟著她喜歡；可是太太生氣的時候，你不要跟她生氣。」果然是大師，真不簡單！

有一次，林語堂應邀到臺北市一所學校的畢業典禮致詞，前面上臺的貴賓都是長篇大論，輪到他時已經是上午十一點半了。在大多數與會者的期待掌聲中，他走上講臺，面對臺下的聽眾，緩緩開口說：「紳士演講，當如淑女迷你裙，短為佳。」話音剛落，便轉身回到自己的座位。

臺下的人一時反應不過來，全場鴉雀無聲，在短暫的靜寂過後，隨即是滿場的掌聲和笑聲。林語堂以幽默的言語，

表達自己的想法，也給了前面所有致詞者一個良心建議，又贏得滿場觀眾的掌聲與認可。這，就是幽默的力量！

幽默的三大功用與價值

幽默的表達，不在時間長短，而在於能審時度勢，因地制宜，察言觀色，投其所好。

明末清初的才子金聖歎是一位幽默大師，他遭遇冤案，不幸被清廷判了秋後處斬。行刑前一晚，兒子趕去監獄看他，詢問有什麼事要囑託，金聖歎故做神祕狀地把兒子叫到身邊，悄悄對他說：「醃菜和黃豆一起吃，有胡桃的味道；還有，花生米與豆腐乾一起嚼，有火腿滋味。這個祕密只傳給你，千萬別讓獄卒聽見了。」

臨刑前，金聖歎對行刑的劊子手說：「我手中握著銀票，你要是肯先殺我，別讓我這麼折騰的話，這銀票就歸你。」劊子手聽後大喜，便對金聖歎首先行刑。完事後，劊子手急忙扳開金聖歎的手，手裡還真有一張紙。不料等他打開一看，卻只是一張白紙，上面寫著三個大字：「好快刀！」

幽默人生，至死如一，金聖歎對生命的豁達釋懷，看淡看開，這大概就是幽默的最高境界吧！

「幽默」的三大功用與價值：

一、輕鬆化解生活中的窘況或尷尬

美國前總統雷根上任後首次訪問加拿大，在演講時遇到

一些反美人士示威，並不時打斷他的講話，這讓坐在一旁的加拿大總理感到有些難堪。雷根笑著說：「不要緊的，這種示威在美國經常發生，我想他們一定是特別從美國趕來的，好讓我有一種『賓至如歸』的感覺。」聽了雷根的話，加拿大總理才如釋重負地笑起來。

有一次，雷根在白宮舉行的鋼琴演奏會上致詞時，夫人南西不小心連人帶椅跌倒在主席臺的地板上。在觀眾的驚叫聲中，南西靈活地站起身回到座位上，雷根在確定南西沒有受傷後，笑著說：「親愛的，我不是告訴過你，只有在我沒有獲得掌聲時，你才可以這樣表演。」臺下瞬間掌聲如雷，笑聲不斷。

二、機智應對他人的嘲諷或惡意批評

在一個巴黎名流人士聚集的沙龍上，蕭伯納坐在沙發上沉思，一名美國的億萬富翁看見他，走過來語帶輕蔑地說：「蕭伯納先生，如果告訴我你現在在想什麼，我就付你一塊美元。」

蕭伯納看了他一眼說：「我思考的內容不值一美元。」

億萬富翁怔了一下，搞不懂這句話的意思。蕭伯納淡淡地說：「因為我現在腦中思考的，是你。」

* * * * * * * * * *

某年愚人節，有人為了愚弄馬克吐溫，開了他一個大玩

笑：在紐約的一家報紙上，報導他死亡的消息。報導一出，馬克吐溫的親朋好友紛紛從各地前去弔喪。沒想到當他們到了馬克吐溫家的時候，卻看見他好好地坐在桌前寫作，原來悲慟的心情頓時一冷，氣憤地齊聲譴責那家造謠的報紙。但見馬克吐溫毫無慍色，平心靜氣，幽默地說：「這個報導千真萬確，只不過是他們把日期提前了一些。」

馬克吐溫幽默、包容、高情商和智慧的一句話，讓人們在談到「死亡」時的惶恐、不安、悲傷、逃避心理，變得比較能夠輕鬆面對。

****

同樣的，一生幽默且活到94歲高壽的大文豪蕭伯納，在他的墓誌銘中這樣寫道：「我早就知道無論我能活多久，這事一定會發生的。」

有一天，瘦削的蕭伯納碰到一位大腹便便、腦滿腸肥的商人，商人譏諷道：「看見你，人們會以為英國發生了饑荒！」此時蕭伯納回擊說：「看見你，人們就會明白饑荒的原因。」

有一次，蕭伯納正在一條狹窄的路上行走，遇到一個對他不滿的同行，那人想侮辱他，對他說：「我從不讓路給傻瓜的！」蕭伯納不急不徐地讓路給他，帶著微笑說：「哈！真巧，我剛好跟你相反！」

****

一位反對黨的女性國會議員，有一次在茶水間倒咖啡時，正好遇見英國首相邱吉爾，便跟他說：「首相，如果我是你太太，一定會偷偷把毒藥加進你的咖啡裡。」邱吉爾笑著回她說：「議員女士，如果我是你丈夫，我會立即把那杯咖啡一飲而盡。」

三、以詼諧而精準的諷刺來針貶時事

美國知名作家馬克吐溫，出了一本小說，內容主要在諷刺、揭發美國南北戰爭結束後，資本主義發展所引起社會上一股投機貪婪及政治黑暗、腐敗的歪風。在發表會上，記者詢問小說內容的真實性，馬克吐溫表示：「美國國會議員有一半是混蛋。」一時引起輿論嘩然。

一些國會議員跟馬克吐溫素有交情，打電話來要求馬克吐溫更正，別把話說得這麼難聽，馬克吐溫向他們表示抱歉，隔天就在報紙刊登更正啟事說：「對不起，我錯了！美國國會議員，有一半不是混蛋。」

✊ 真好還真糟？

我們來看幾個關於兩性之間的幽默小品：

一群男人上電視節目接受訪談調查，主持人說：「認為自己怕老婆的，請站到右邊！」

全部人都站到右邊，只有老李和老王紋風不動，大家報

以敬佩的眼神與掌聲！

　　主持人問老李：「您真的不怕老婆？」

　　老李充滿自信地回答：「那不叫怕，是尊重！」

　　主持人再問老王，他不好意思地說：「老婆有交代，人多的地方別去！」

****

　　晚餐時，丈夫抱怨妻子煮的菜太難吃。

　　妻子說：「你娶的是妻子，不是廚師！」

　　半夜時，妻子說：「樓上有怪聲，你上去看看。」

　　丈夫說：「你嫁的是丈夫，不是警衛！」

****

　　娶了一個太太是「真好」還是「真糟」？

　　A：「我剛娶了一個太太，她大學時是校花。」

　　B：「真好！」

　　A：「但是她不會做家事，煮飯、燒菜、洗衣、拖地，燙衣服……她一樣都不會。」

　　B：「真糟！」

　　A：「不過她家很有錢，所以她自己出錢請了好幾位家管，來家裡幫忙做家事。」

　　B：「真好！」

　　A：「但是她的猜忌心重，脾氣很大，很愛吵架罵人，有時還會摔家具、砸東西、打老公。」

B：「真糟！」

A：「不過我重聽，耳力不好，她講什麼我都沒聽到，我們也吵不起來，她要打我就跑，到目前也算相安無事。」

B：「真好！」

A：「最近我發現，她在外面交了一個男朋友。」

B：「真糟！」

A：「不過她的嫁妝很多，包括上億的美元存款，和位在市區精華地段的一棟透天豪宅。」

B：「真好！」

A：「但昨晚豪宅突然失火了，整棟樓付之一炬。」

B：「真糟！」

A：「我這兩天出差，她跟那個男人失火時剛好都在豪宅內用餐，沒能逃出來。」

B：「這……」

幽默是幸福重要的元素

山窮水盡疑無路，柳暗花明又一村，前後變動、落差很大的幽默表達，常會讓聽眾哭笑不得，聽得津津有味，欲罷不能。

紀曉嵐是清朝乾隆年間有名的大才子，才華洋溢、幽默風趣，文筆一流，名震當代。

有一次，當朝宰相和三個同在朝中當大官、位居要職的

弟弟，邀請紀曉嵐參加老母親八十歲壽宴。酒酣耳熱之際，四兄弟特別請大才子寫首詩為老母祝壽，只見紀曉嵐一派輕鬆，毫不猶豫地下筆。第一句「老娘八十不是人，」在場的人，臉都變了。但第二句是：「天上王母下凡塵。」大家都笑了！第三句寫著「四個兒子都做賊，」包括宰相四兄弟和所有賓客的酒都醒了。但見紀曉嵐的第四句是「偷了仙桃孝母親。」全場報以熱烈的掌聲與喝采。

幽默，不分古今東西，您說對嗎？

幽默是幸福重要的元素之一，多看多聽充滿趣味的文章小品，笑意十足的笑話，而且要練習分享，對於增進幽默功力大有助益。

夫妻之間，有著幽默的溝通，八成不會吵架，原本的衝突爭執，轉眼就被幽默化解；同事之間，有著幽默的表達，八成不致鬧僵，本來會造成衝突的「直言」，都用幽默做了「調解」。幽默，是一種代表智慧與經驗、溫暖與和諧、包容與體諒的力量，讓溝通更順暢、表達更平和、社會更健康。

美國西南航空公司以服務聞名全球，該公司的傳奇領導人賀伯‧凱勒 1978 年出任董事長時，即指示人事部門雇用有幽默感的人。他常說：「我要讓搭飛機變成一種樂趣，人生苦短，如果沒有幽默感，生活就太辛苦了。」

在這個標準之下，西南航空創造了一種輕鬆歡樂的氣氛，將幽默和微笑當成禮物送給乘客，跟客戶做良性的溝通

互動，讓每個人都樂在其中，不僅創造高績效，也打造公司在業界領導品牌的形象。

🖐 開心活下去

在一個有眾多名流出席的晚會上，鬢髮斑白的巴基斯坦影壇老將雷利拄著柺杖，蹣跚地走上臺。

主持人問他：「您現在還經常去看醫生嗎？」

「是的，我常去看。」

「為什麼？」

「因為病人必須常去看醫生，醫生才能活下去！」

臺下爆以熱烈的掌聲，人們為老人樂觀正向和機智幽默的語言喝彩。主持人接著問：「您常請教醫院的營養師，有關均衡營養的維繫方法嗎？」

「是的，因為營養師也得賺錢活下去！」

臺下又是一陣掌聲。

主持人又問：「您常請教醫院的藥師，有關藥物使用的正確方法嗎？」

「是的，因為藥師也要活下去！」

臺下掌聲不斷。

「那您吃很多藥喔？」

「不！我常把藥扔掉，因為，我也要活下去！」

臺下更是哄堂大笑。

主持人忍住不笑，接著問：「像您年紀這麼大，還需要經常到社群聊天嗎？」

老人答：「是的，因為我也要在群裡活下去。不露面、不聊天，大家會以為我死了，群主會把我踢出去。」

主持人最後說：「感謝您接受我的採訪。」

老人笑著說：「別客氣，我知道，你也要活下去！」

臺下笑成一片，掌聲如雷，笑聲、掌聲、歡呼聲，因為幽默，歷久不息。

聽說這個笑話曾經排名世界第一，因為大家都要「開心活下去」。

如何增進幽默感

「幽默」可以使人生過得更灑脫、自在，生活時常充滿樂趣，讓溝通更有趣，表達更吸睛。後疫時代，人們為了工作、課業、情感、經濟生活各方面，常覺得壓力更大，喘不過氣，這時候若能以「幽默」面對大多的喜怒哀樂、利弊得失，朝著健康、積極的面向思考，凡事也就容易迎刃而解了。

最後，要如何發揮或增進你的幽默感？

1. 保持輕鬆愉快的心情。

2. 擁有包容開闊的胸襟。

3. 蒐集好玩有趣的素材。

4. 培養察顏觀色的能力。

5. 具備好奇靈活的彈性。

6. 熱愛練習精進的分享。

7. 尊重彼此差異的性格。

8. 提升自我解嘲的修為。

9. 累積幽默風趣的人脈。

10. 學習樂在生活的創意。

以上十點是我嘔心瀝血、千錘百鍊後的學習心得，謹供參考，要是做不到，千萬別怪我，因為「我也要活下去」！

Q🅰 問問自己，聆聽內在小聲音

1. 大多數朋友都覺得我是個幽默的人嗎？

2. 如果我更有幽默感，人們會不會更喜歡我？溝通會不會更容易？表達會不會更吸睛？生活會不會更開心？

3. 這一篇哪段話或哪個故事最打動我，讓我有即刻改變的念頭？

4. 從今天起，我要怎麼做，才能在溝通或表達時，有效運用「幽默的力量」，讓自己更好？我的行動承諾是：＿＿＿＿＿＿＿＿＿＿

12

沉默的力量

諾貝爾文學獎得主蕭伯納說：「**沉默是表示輕蔑的最完美方式。**」諾貝爾和平獎得主艾利・魏瑟爾（Elie Wiesel）說：「**愛的相反不是恨，是冷漠。**」

🖐 沉默是一種智慧

談判時，切斷溝通管道，拒絕交流協商、靜默不語，也是一種表達立場和不滿的對話。溝通時，已讀不回、笑而不答、一言不發，是一種沉默的力量。不說話，不代表沒想法；沒反應，不表示沒感覺，冷戰也是一種戰爭。

沉默不語，有時可以讓對方警惕、深思、反省，甚至感到無助、徬徨、恐懼；保持安靜，可讓自己沉澱、反思、戒慎小心，想想下一步該如何因應。

當然，有時候真的一時愣住、無言以對，不知要說什麼，也可以冷靜地保持沉默，裝做若有所思、從容地審慎評估，仔細推敲中，讓對方難以捉摸，有如三國時代諸葛孔明的「空城計」一樣欺敵，這就是溝通表達時：沉默的力量。

「沉默」通常包括三種狀況：

1. 不該說話、不想說話、不適合說話的時候、狀態或場合，要保持沉默不語，就像是句號。

2. 特別想要提醒對方，要抓住聽眾眼球的時候，要保持沉默、停頓，就像是頓號。

3. 情緒起伏過大，無法控制自己的言行時，要保持沉默、忍住，就像是驚嘆號。

孔子說：「侍於君子有三愆：言未及之而言謂之躁，言及之而不言謂之隱，未見顏色而言謂之瞽。」

白話解釋是，跟君子相處，說話要注意三種缺失：沒輪到你說話就搶著說話，叫做「急躁」；到了該你說話的時候卻不說，叫做「隱瞞」；不懂察言觀色，不顧對方的表情和心情就亂說話，叫做「睜眼說瞎話」。

溝通表達要得體、要適時、要看對象、要看場合，要有分寸，要恰如其分。

《論語》也提醒我們：「時然後言，人不厭其言。」意思是該說話的時候再說話，別人就不會討厭你說的話。

說話是一種藝術，沉默是一種智慧，了解人性，進退得宜，是一種溝通表達的境界。

「**忍住不吭聲，迎接好人生**」，有效溝通力的「**沉默黃金七秒鐘**」很重要，讓我們來培養自己的「**關鍵七秒鐘**」吧！當你與人溝通，對他人的表達感到生氣、憤怒、難過、悲傷、

輕蔑、羞辱……，覺得「是可忍，孰不可忍」時，記得即時給自己一個「**放鬆深呼吸**」，並在心中緩緩默數七秒「1－2－3－4－5－6－7」（越慢越有力），若能再加上「**適時抬頭往上看**」和「**自然親切的微笑**」，則效果加倍。

這是溝通的修養，更是人生的一種境界。不試試，對不起本書作者，更對不起自己。忍一時氣，適可而止；別急著說，沉默是金！切勿傷人又傷己，勞心又勞力。

Lucky 7 秒鐘撐過去，若還怒氣未消，可以再給彼此一個機會，心中緩緩地再默數七秒「7－6－5－4－3－2－1」；此時若還在氣頭上，那表示症狀較嚴重，情況較危急，最後一次默數七秒「1－2－3－4－5－6－7」。

一般人「不管三七二十一（秒），這會兒也該消消氣了！」（連續 3 個 Lucky7）要真不行，走為上策，離開現場為宜。無論如何，善用沉默的力量，管住自己的嘴巴，幸運女神將與你同在。

表達並非一定要滔滔不絕、辯才無礙，適時的沉默、停頓、不語，這不止是頓號，有時更像一個驚嘆號，更能吸引對方的注意力，展現自己的莊重和篤定。讓雙方冷靜一下，使對方有所省思，也可讓自己的思緒沉澱，仔細觀察對方及環境，重新整理得更清徹透明，觸動人心。

春秋時代，楚莊王已即位三年，卻沒有頒布任何一條法令，看不到他積極處理國事，大臣們都非常擔憂。有一天左

丞相忍不住打了個比方，他對莊王說：「有一隻大鳥棲息在南面的山丘上，三年之中，不但沒有拍動翅膀，甚至不飛也不叫，靜得連一點聲音都沒有，請問大王這是什麼鳥啊？」

楚莊王說：「三年不展翅是要使翅膀長大；三年不鳴叫，是要觀察與準備。雖不飛，但要飛就一定沖上高空；雖不鳴，但要叫就一定震驚天下！你安心，我明白你的意思。」

果然，半年後楚莊王親自處理政事，廢除了十項過時的政令，發布了九項中興的政令，處死了五個奸臣，提拔了六位隱士，把楚國治理得非常強盛，而楚莊王也成為春秋五霸之一。這個故事就是成語「一鳴驚人」的由來，用來比喻平時沒沒無聞、沉默不語，卻突然有驚人的表現。

有時無聲勝有聲

所謂「博觀而約取，厚積而薄發」，只有廣見博識、積累豐厚、準備充分，才能擇其精要者而取之，得心應手為我所用。「十年寒窗無人問，一舉成名天下知」，唯有寒窗苦讀，努力打拚的沉默和艱辛，才能換取日後成就輝煌。

以幻覺現實主義融合了民間故事、歷史與當代，甚受世界文壇推崇而獲得 2012 年諾貝爾文學獎的中國大陸著名作家莫言，本名管謨業，他曾經自嘲說：「我年輕時怕多言誤事，容易得罪別人，所以取筆名為『莫言』。」

這是他一開始創作時所起的筆名，是為了提醒自己不要

「放炮」說真話，告誡自己要多沉默、少說話。結果是他寫了許多話，一直寫（言）到拿諾貝爾文學獎。

莫言的女兒管笑笑也是一位作家教師，「管笑笑」倒是本名，不是筆名，這名字很有意思，也很呼應老爸自己的筆名「莫言」。不說話，儘管笑，笑而不答，故曰管笑笑。

笑看人生，多言何益？這也呼應了詩仙李白的境界：**「笑而不答心自閒，別有天地非人間。」**

溝通時，倘若不能被對方了解，憤怒失望，何妨沉默，笑而不答。表達時，因為能夠讓對方聽懂，開心愉悅，直接微笑，笑而不語。有時，無聲勝有聲，這就是沉默的力量！

Q&A 問問自己，聆聽內在小聲音

1. 我是否懂得適時適地、認清環境氛圍地保持沉默？

2. 如果我學會並實踐「沉默是金」的功夫，我的溝通會不會更順暢？人生會不會更美好？

3. 這一篇哪段話或哪個故事最打動我，讓我有即刻改變的念頭？

4. 從今天起，我要怎麼做，才能在溝通或表達時，有效運用「沉默的力量」，讓自己更好？我的行動承諾是：＿＿＿＿＿＿＿＿＿＿

13
了解的力量

　　一架國際航班的客機迫降海面上，空姐要讓乘客從機門安全逃生梯溜滑下海，等待救援，但乘客大多不敢。空姐只好求助機長。

　　有 20 多年飛行經驗、見多識廣的機長說：「面對不同國家的乘客，你要了解他們的性格、習慣、喜好或價值觀，用不同的說法或方式跟他們溝通，才能讓他們願意聽你的，有所行動。譬如：

　　對美國人要說：這是一種「冒險」。

　　對英國人要說：這是一項「榮譽」。

　　對法國人要說：這是一種「浪漫」。

　　對德國人要說：這是一項「規定」。

　　對俄國人要說：這是一次「戰鬥」。

　　對日本人要說：這是一個「命令」。

　　空姐面有難色地說：「可是這班乘客有很多臺灣人耶！」機長笑了：「那更容易，你就告訴他們，這是航空公司『免費招待的』！」博君一笑，但，這就是了解的力量。

男女大不同

《孫子兵法》說：「知彼知己，百戰不殆。」正確徹底了解自己與對手的實力，打仗就不容易失敗。

孔子強調「因材施教」，根據受教者不同的資質，而給予不同的教導。醫生治療病人要「對症下藥」；超業面對客戶要「投其所好」；金管會要求銀行理專要 KYC（Know Your Customer）「認識你的客戶」，了解你客戶的背景、經濟能力、真實需求、家庭狀況……，才能幫他規劃出最符合需求的資產規劃、稅務規劃或是傳承計畫。

溝通時，你夠不夠認識自己、了解對方，用你說得出、對方聽得懂或比較能接受的話來進行交流對談，往往是能否有效溝通的重要關鍵。

常聽人說：「因誤會而結合，因了解而分開。」講到感情這件事，往往男女大不同，幽默大師蕭伯納就說過：「此時此刻在地球上，約有兩萬個人適合當你的人生伴侶，就看你先遇到哪一個；要結婚就去吧，要單身就去吧，反正最後你們都會後悔的！」

有一本暢銷書叫做《男人來自火星，女人來自金星》，男生和女生原來是不同星球的人，難怪往往因為不了解對方而各說各話，無法溝通。紐約有一家大型出版社出了一本新書，書名是《How to change your Wife in 30 days?》（如何在

三十天內改變你的太太？）第一週就打破紀錄，賣了 20 萬本。到了第二週，出版社發現書名打錯了一個字，馬上更名為《How to change your Life in 30 days?》（如何在三十天內改變你的人生？）結果當週只賣掉 3 本！這告訴我們三件事：

1. 人們有多想快速改變另一半。

2. 要快速改變另一半有多困難。

3. 能改變另一半，就能改變你的人生。

我的第一本書《談判力，就是你的超能力》中沒寫到的「談判三問」，在這裡補充說明，這不只是談判，也適用於男女大不同的溝通表達力。

談判前，先問問自己三個問題：

我要什麼？我憑什麼？我怕什麼？

同時也要思考對方這三個問題：

他要什麼？他憑什麼？他怕什麼？

親愛的讀者，請問男人要什麼？請問女性要的又是什麼？其實男人要的東西沒有很多，男人要的是成就、尊重、肯定、認同，對嗎？

那女人呢？她們要的其實很少，女人要的不外乎就是被愛、疼惜、體貼、呵護、浪漫、幸福、喜悅、溫馨、滿足、安全感和愛，是不是？

各位男性和女性要的這麼多，憑什麼呢？

我們怕的是，很多人在家裡對另一半的溝通，常常表

現出瞧不起的眼神和不耐煩的口氣，不自覺的傷人言語，加上不尊重、不以為然、不屑一顧的表情和態度。另一半到了外面，尤其是男性，有人用肯定的言語支持他，敬重的態度對待他，仰慕的眼神望著他，你覺得這樣多久會出事？一個月？兩星期？三天？有人說，當天應該就出事了。

「談判三問」也非常適用於男女大不同的感情這件事。你，認識自己嗎？了解對方嗎？你們各自要什麼？憑什麼？怕什麼？溝通非常需要「了解的力量」！

🤜 表達探測儀

無論演講、簡報、授課或是一般溝通表達，知彼知己，才容易切中重點、打動人心。帶著你的「表達探測儀」，事前或當下完成聽眾、學員的「掃描分析表」，不但可以增強自己的信心和勇氣，更能提升你的表達效果，完成你的分享目的，讓溝通無障礙，表達更精彩，讓你更受歡迎。

聽眾／學員掃描分析表

學員：_____　　主題：_____
角度、焦點、問題！

掃描分析	聽眾／學員
背景／知識	
希望／期待	
擔心／害怕	
困擾／煩惱	

「掃描分析表」包括了學員、主題，從學員的角度、焦點、問題來分析他們的背景和知識、希望和期待、擔心和害怕、困擾和煩惱。

幾年前，我應某管顧公司邀請，去北京幫中國民生銀行上課，那一班叫做「資產配置進階培訓班」，課程主題是「優勢輔銷力」。40 位學員是中國民生銀行全國績優的私人銀行投資顧問，他們的主要工作是輔導全國各地的銀行理專銷售金融商品。管顧公司非常專業地提供我課前學習調查問卷結果，重點如下：

有效樣本：40 人

- 您認為在此次培訓中，您需要再加強的是哪一部分？學員希望加強自己的：行銷技巧、客戶經營、表達能力、溝通能力、流程化管理、說服力、KYC。

- 您目前遇到的問題，在銷售上比較大的困難，想要具體改善的地方是？

  1. 正向心態建立及提高抗壓性。
  2. 同理、洞察、傾聽、表達、溝通、說服。
  3. 條理清楚，簡明扼要地表達產品內容。
  4. 增加溝通力與信任感，客戶需求挖掘。
  5. 客戶不接受保險產品。
  6. 自己畏懼銷售保險和基金。
  7. 淨值型產品的推介技巧。

- 您覺得「說服力」在您工作崗位中是否重要？（87%的受訪者認為重要）

坦白說，要去北京幫一群金融業的菁英上課，一開始也會有些忐忑，想到這些來自各地的績優超業，會不會對於臺灣來的專業講師特別地「關照」或「挑戰」？

但基於兩個原因，我改變了心態和想法，轉念換框讓自己更好：

第一，這份課前學習調查問卷對我的幫助很大，它讓我了解學員的真實需求，而我多年來在教育培訓、銷售輔導的工作崗位上，主講內容包括談判、溝通、服務、銷售、表達、領導、團隊、正念，我相信自己一定能幫助這批學員專業精進、增加自信、解決問題、提升業績。

第二，我的姪女在北京開中英法語言翻譯公司，她在那裡已經住了20多年，她跟我說：「北京的人也許有些自視甚高，但來自臺灣的我們只要把自己專業、熱忱、親和、認真的既有特質好好發揮，能幫助對方精進專業，追求卓越，就是一種成功。以我對你的了解，我相信你一定可以的！」

在了解對方的需求和自己的優勢之後，我更能充分發揮，坦然面對一切。最終，我以非常自然流暢的節奏，豐富有趣實用的內容，輕鬆上完課，獲得全體學員的熱烈掌聲、一致好評，以及課後滿意度問卷的高分。這是了解的力量、鼓勵的力量、相信的力量，也是正向的力量！

🤛 善用工具加快了解速度

要如何才能真正知彼知己，發揮了解的力量呢？最後，分享幾種常用的工具：

1. 神經語言學（NLP）依照感官敏銳度不同，將人分為視覺型、聽覺型和感覺型三種。

2. 血型有分 A、B、O 和 AB 型四種人。

3. 「DISC」將人的性格分為四種動物型：老虎型（支配、掌控、領導型）、孔雀型（影響、互動、公關型）、無尾熊型（穩健、支持、專業型）、貓頭鷹型（謹慎、修正、分析型）。

4. 十二星座可分為風象星座（雙子座、天秤座、水瓶座）、火象星座（牡羊座、獅子座、射手座）、水象星座（巨蟹座、天蠍座、雙魚座）、土象星座（金牛座、處女座、摩羯座）。

5. 「生命靈數」依照西元出生年月日，算出 1 到 12 號人有著不同的欲望、盲點、宿命、基本性格、天賦本能、人際關係、處事態度、做事方法、中心思想、做決策的準則與相處之道。

除此之外，還有九型人格、八字命盤、問卷調查……，別問我哪個比較準？這不是算命，不能盡信，謹供參考。記住：**路遙知馬力，日久見人心。**

Q A 問問自己，聆聽內在小聲音

1. 溝通表達時，我總是能做到「知彼知己」嗎？

2. 如果能多了解彼此，我的溝通會不會更有效？
   表達會不會更精準？

3. 這一篇哪段話或哪個故事最打動我，讓我有即
   刻改變的念頭？

4. 從今天起，我要怎麼做，才能在溝通或表達時，
   有效運用「了解的力量」，讓自己更好？我的
   行動承諾是：＿＿＿＿＿＿＿＿＿＿

14
同頻、關係的力量

　　戰國時代，齊宣王喜歡招賢納士，於是讓淳于髡舉薦人才，淳于髡一天之內就推薦了七位賢能之士。齊宣王很驚訝，就問淳于髡：「我聽說千里之內能有一位賢士，這賢士就算是並肩而立的多；百代之中如果出一個聖人，那聖人就像接踵而至的多。現在你一天之內就推薦了七位賢士，是不是代表賢士太多了？」（意指：淳于髡的選拔標準過低。）

　　淳于髡回答：「同類的鳥兒總聚在一起飛翔，同類的野獸總聚在一起行動，天下同類的事物總是要相聚在一起的。就如同人們要尋找柴胡、桔梗這類藥材，如果到水澤窪地去找，恐怕永遠也找不到；但要是到梁文山的背面去找，那就可以成車地取得。我淳于髡可以算是一個賢士吧，所以陛下叫我推薦賢士，就如同在黃河裡取水、在燧石中取火一樣容易。我還準備給您再推薦一些賢士，不會只有這七個！」這就是「物以類聚，人以群分」的由來。

　　人們大多喜歡跟自己相似或相同的人在一起，就像英文字的「Like」，同時有「喜歡」和「相像」兩種解釋一樣，包

括外貌、形象、穿著、舉止、動作、背景、興趣、嗜好、專長、技能、性格、特質、習慣⋯⋯，茫茫人海，海海人生，無論溝通或表達，同頻很重要，有關係更好。

🖐 有關係就沒關係，沒關係就找關係

關係的力量包括了「五同」的魔力——同鄉、同校、同事、同宗、同好。君自故鄉來，應知故鄉事，人不親土親——自己人，好說話。

舉例而言，**從地緣或學校來說：**我們都是北部人、新北市人、板橋人、板橋國小畢業的、板橋中山國中畢業的、附中人、國樂社友、政大校友、在美國芝加哥讀過研究所、去過美國職籃 NBA 芝加哥公牛隊的聯合中心球場、美國職棒 MLB 芝加哥小熊隊或芝加哥白襪隊的主場看過球賽⋯⋯

從工作來說：我也是國泰人壽出來的、我也待過花旗、我也待過震旦行、我之前也在台新金控、我也開過珍珠奶茶店、我也在信義房屋賣過房子、我也當過補習班班主任、我也在 TOYOTA 賣過車⋯⋯

從興趣、嗜好來說：我也愛看職棒、我也愛打籃球、我也每年都去跑臺北馬拉松、我支持小戴，也打羽毛球、我也是壘球隊的、我也是高爾夫球隊的、我也是合唱團的、我也打橋牌、我也下圍棋，我也吹薩克斯風⋯⋯

從社團來說：我也是獅子會的、我也是扶輪社的、我也

是 BNI 的、我也是同濟會的、我也是 EMBA 的學長⋯⋯

其他像是：「真巧，我們都姓鄭，算是本家人！」、「我跟你（們）一樣，我也是⋯⋯」、「我們是一國的，我們都是⋯⋯」等，都可以找到關係，拉近彼此的距離。

✊ 模仿調頻，展現親和

知彼知己，投其所好；聚焦同頻，建立關係。可以針對不同世代的喜好，進行越過代溝的跨世代行銷溝通：

- **嬰兒潮世代**（1946 年至 1964 年出生的人，俗稱三、四年級生）：第二次世界大戰結束後觸發嬰兒潮，為經濟龍頭、市場主要消費者，品牌忠誠度高。
- **X 世代**（1965 年至 1980 年出生的人，即五、六年級生）：較為獨立也較具創意，充分適應傳統與數位職場，精打細算、敢花錢、重品味。
- **Y 世代**（1980 年至 1990 年出生的人，即七、八年級生）：重視體驗而非所有權，訂閱經濟的推手，愛分享、重體驗、重評論、願花時間看廣告。
- **Z 世代**（又名「千禧世代」，1990 年代末葉至 2010 年代前期出生的人，即九年級生）：數位原生世代，重視網紅、社群、短影音、CP 值、凡事強調快狠準。

職場中，跨越代溝的最關鍵心法，就是有效良好的表達溝通，促進對話，了解需求，找出強項，世代共容（榮）。

而跨世代的溝通相處之道，包括開放與傾聽、包容與接納、肯定與鼓勵、調整與學習。

■ **神經語言學（NLP）的三大溝通表達類型：**

1. **視覺型的人**，有架構、講重點、具邏輯、簡潔切要、鏗鏘有力，抓住他的眼球，要讓他看到數字、報表、圖表、趨勢、未來、願景和藍圖。

2. **聽覺型的人**，重視語速、語調和節奏、聲音大小適中，有抑揚頓挫，說故事、講案例，抓住他的耳朵，你說得明白，他聽得清楚，用聲音來觸動對方心靈。

3. **感覺型的人**，特別要展現同理，傾聽他的心聲，處理他的心情，讓他感覺到你的支持和溫暖，感覺你們是同一國的就對了。

■ **「DISC」的溝通：**

1. **老虎型（支配、掌控、領導型）**：跟 NLP 視覺型的人相似，少廢話、講重點，你只需提供好的想法或計畫，讓他做決定就好。

2. **孔雀型（影響、互動、公關型）**：愛說話、愛分享，聽他說就好，你可以省點力氣。跟感覺型的人一樣，只要感覺對了，挺你到底。

3. **無尾熊型（穩健、支持、專業型）**：要多些同理、傾聽，請他慢慢講、不用急，覺得有道理的話，專心聽，表示認同，就能贏得他的心。

4. **貓頭鷹型（謹慎、修正、分析型）**：重邏輯架構，
   說話有憑有據，討厭浮誇沒重點的說話，強調精準
   明確，才能跟他好好溝通。

- **十二星座的溝通：**
  1. **風象星座（雙子座、天秤座、水瓶座）**：樂觀隨和、
     理性思考的風象星座是怕麻煩的人，就像風一樣，
     你抓不住他們，溝通時避免講得太複雜，因為風象
     人討厭所有麻煩的事情。

     擅於溝通、喜歡講話、分析能力強、做事有條理、
     思路清晰、很有好奇心、愛發問，理性多於感性，
     性格變化多端，飄忽不定，善於社交活動，對事物
     的喜好善變，喜新厭舊、較容易情緒化。

  2. **火象星座（牡羊座、獅子座、射手座）**：熱情、精
     力充沛、喜歡追求新奇事物的火象人，不喜歡自己
     落後或不如人的感覺，自尊心和好勝心很強，因此
     不容易聽進別人的意見。

     如果要和他們溝通，切記不論是否採取他們的意
     見，都要表現出很重視他們的樣子，因為他們不喜
     歡被別人忽視的感覺，稱讚他們就對了。逞強是武
     裝他們自己最好的辦法，憤怒是他們最常有的情
     緒，不要太期望火象星座有耐心的循循善誘，千萬
     不要在他們面前哭鬧耍脾氣。

3. **水象星座（巨蟹座、天蠍座、雙魚座）**：心思細膩善觀察，目標導向不輕易退縮，情感豐沛的水象人富有同理心，是善於傾聽、可以哭訴的好對象，只是情緒起伏有時會大到比當事人還入戲。和水象人溝通時避免過於理性，講道理不是最打動他們的關鍵，因為水象人常常是看心情憑感覺做事，有時候感覺不對就不想做，而且不需要原因，因為就是一種感覺。

   優柔寡斷也是家常便飯，總是想太多，不易做出決定，感覺不對會直接停留在原地。所以和他們溝通的技巧，是要讓水象人感覺到你比較在意他這個人，勝過於在意這件事情的發展，諸如此類的小細節和內在感受是他們最在意的，因此跟水象人溝通時，態度是最重要的關鍵。

4. **土象星座（金牛座、處女座、摩羯座）**：冷靜、務實、謹慎、腳踏實地的土象星座之所以有耐力，是因為他們凡事喜歡計畫的個性，追求完美，不喜歡自己的計畫出錯，所以需要在腦中徘徊多次演練結果。因此下決定時間較長，行事風格通常都偏保守且實際，所以要和土象人溝通時，不能太浮誇或不切實際，因為他們走務實風，重視做大於說。

   土象人的固執和執著，絕對不是你隨便溝通一、兩

句話就可以輕易改變的，若是希望他們能夠按照你的意思去做，需要很多耐心循循善誘。土象人大多吃軟不吃硬，來硬的，他們恐怕比你還硬。

努力同頻，建立關係，保有自己，適應別人

無論面對哪個世代或各種人格特質分析工具中不同類型的人，記得一定要拿出誠意用心溝通，用最適合對方的態度和方式表達，保有自己的本性和風格，了解並尊重跟你不一樣的人，調頻對焦，投其所好，呼應對方，引導對方，有效溝通，精準表達，共創雙贏。

Q&A 問問自己，聆聽內在小聲音

1. 我總是會讓自己和對方同頻，建立溝通好關係嗎？

2. 如果我更善於跟別人同頻，我的溝通會不會更有效？表達會不會更順暢？

3. 這一篇哪段話或哪個故事最打動我，讓我有即刻改變的念頭？

4. 從今天起，我要怎麼做，才能在溝通或表達時，有效運用「同頻、關係的力量」，讓自己更好？我的行動承諾是：＿＿＿＿＿＿＿＿＿＿＿

EQ 的力量

有人說：「我們靠智商（IQ）賺來的錢，若是情商（EQ）不好，可能會因此把賺來的錢又還回去、吐出來。」你覺得有沒有道理？

✊ 情緒管理的藝術

蕭伯納說：「**考驗一個男人或女人教養的最好方法，就是看他們在爭吵時的表現。**」

EQ 是情緒商數，簡稱情商（Emotional Intelligence Quotient，縮寫為 EQ），是一種自我情緒控制能力的指數，由美國心理學家彼德・薩洛維（Peter Salovey）於 1991 年創立，屬於發展心理學範疇。「情商」是一種認識、了解、控制情緒的能力。（摘自維基百科）

幾年前，80 歲的老媽忽然主動要求我幫她買一臺智慧型手機。她堅持不要用我買的韓國手機（螢幕大、字大、按鍵也大），原因是她要用手機看孫子女們的生活照片或影片，她覺得很有趣。但怎麼教她都不大會，該按的不按，不該按

到的全按了（飛航模式或螢幕自動上鎖功能……）我承認自己缺乏細心和耐心，有時覺得教她還不如幫她操作比較快，反正講過也都忘了，便顯得很不耐煩、沒耐性。

突然有一天，她說要到外面報名上課學習，找人教她如何使用智慧型手機，她很多老同事和老同學都是這樣學會的。我回她：「唉唷！手機還需要到外面上課學嗎？我多教你幾次不就好了。」

只見老媽淡淡回說：「這樣子比較有尊嚴！」

我一時語塞、滿臉通紅，說不出話來，老媽這句話很有智慧和力量，我聽得懂，只能深刻反省懺悔，跟她道歉。

各位讀者，你會不會犯跟我一樣的毛病？我們對待外面的朋友、夥伴、客戶、同事、同學、鄰居甚至是路人，往往比較有耐心，親切有禮貌，溫良恭儉讓。

但一回到家看到家人、最親近的人，卻是另一張嘴臉，缺乏耐心、愛理不理、任性放肆，甚至出言不遜，所謂「熟稔生輕蔑」就是這個意思。孔子說「**色難**」，對父母和顏悅色是最難的，實在很有道理。提升自己的 EQ（情緒管理），是每個人在溝通表達時的必修課程。

傷人言語會讓彼此心裡千瘡百孔

一個男孩的脾氣很差，暴躁易怒、口沒遮攔，常常說話傷害身邊的人而不自覺，導致人際關係不好，跟家人的相處

也產生了很大的問題。有一天，他的父親拿了一袋釘子給他：「這裡面有 31 根釘子，每根釘子都很長，你每天若發現自己動怒了，無法控制住脾氣，就去後院的牆壁釘 1 根釘子吧！也許可以減低你的憤怒，安撫你的情緒！」

第 1 天，男孩發脾氣了，釘得很用力，釘子深入牆壁；第 2 天、第 3 天過去了，他發現自己的情緒有了發洩的出口，漸漸較能控制住，到了第 31 天，雖然還是釘了釘子，但力道已較第 1 天小很多。父親又跟他說：「從今天起，只要你覺得有控制住發脾氣，不再那樣容易暴怒，就去後院拔根釘子做紀念。記住！要從第 1 天釘的釘子開始拔！」他赫然發現，越早釘的釘子，越是費很大的力氣才能拔出來，而後面釘的釘子，拔起來就感覺輕鬆愉快。

總算，他將 31 根釘子全數拔出，雖然很累，但他的脾氣已經改善很多了，不再那麼易怒。父親要他去看牆壁上釘子拔出來所遺留的洞，語重心長地對他說：「孩子啊！在人與人之間的相處溝通中，我們暴怒的脾氣或不經大腦思索就脫口而出的傷人言語，就像這面牆一樣，讓彼此的心裡或雙方的關係千瘡百孔、覆水難收，你說對嗎？」

EQ 對溝通而言實在太重要了，尤其是自認口若懸河、辯才無礙的人，更要小心你的用字遣詞，是否罵人不帶髒字？針對別人的痛處猛打，當對方無法還嘴時，他可能會還手（君子動口不動手，但君子很少），最終倒楣的還是你自己。

🤜 從呼吸開始改變

如果你覺得釘釘子太累了，我再教你使用神經語言學（NLP）的「卓越鏈」，讓你從優秀到卓越。首先，吸氣吸飽後，閉氣四拍，1—2—3—4，再吐氣吐到底。吐完氣之後，再閉氣四拍，1—2—3—4，如此動作反覆持續三到五分鐘，看看自己有沒有不一樣？

呼吸改變→身軀改變→心態改變→表現改變

能夠正常順利地呼吸，就是個奇蹟，尤其在後疫時代，要學會感恩。當你吸氣時，要覺知到你正在吸氣；當你吐氣時，要覺知到你正在吐氣。輕鬆而正常地呼吸，擁有免於折磨、憤怒、悲傷、絕望的自由。控制呼吸的平和順暢，專注當下（Focus），專心一致地控制自己的情緒，不受對方影響，不為外界干擾，是溝通表達的重要法則。

我跟六歲的兒子都很愛《鬼滅之刃》，其中，主角炭治郎刀法的終極必殺招「全集中，水之呼吸：拾壹之型，風平浪靜」。威力強大，殺鬼無數。我跟兒子說：「如果爸爸因為你不乖而大發脾氣要揍你時，你可以說：『水之呼吸，心平氣和。』爸爸就會接著說：『拾壹之型，風平浪靜！』你可能就不會被罵或挨揍喔！」

但兒子竟語帶懷疑回我：「爸爸，當你生氣的時候，哪會聽得進我說的話呀！」這句話好像滿有道理的，好兒子！

有一句經典格言：「**盛喜中，勿許人物；盛怒中，勿答人書。**」就是說極度歡喜時，不要隨便許諾給別人東西；極度憤怒時，不要輕易回覆別人書信。因為「喜時之言，多失信；怒時之言，多失體。」人在高興時許下的承諾，往往無法兌現；而人在憤怒時所說的話，往往不體面以致於有失顏面，這提醒我們控制 EQ 非常重要。

同樣的，「暴怒勿言，言必傷人；狂喜勿言，言必浮誇！」意思是當你非常生氣、怒火中燒、忿忿不平的時候，罵人反擊的話、惡毒傷人的話，千萬別不經大腦、不加思索地脫口而出，否則破壞彼此關係，或反遭對方回嗆，殺傷力強大，就像金庸小說寫的七傷拳一樣，若內功不夠深厚，則傷人又傷己；當你遇到好事、喜事或幸運的事，極度高興，非常開心，感到興奮不已的時候，切勿因為欣喜若狂，而得意忘形地亂說些虛浮誇大、不切實際的話，使人反感，令人厭惡，甚至遭受別人攻擊。

但我們常常會犯這樣的錯，無法控制自己的那張嘴，這是情緒管理的 EQ，也是個人修養的表現，千萬要慎重，絕不可以輕忽，否則溝通無效，表達失序，小不忍則亂大謀，因小失大，後悔莫及。

一位德高望重、篤信佛教、很有修養的長輩，分享他 40 年的夫妻相處之道。他說他太太個性很急，常常心直口快，不善溝通，很容易得罪別人，有時連他自己也受不了。有一

次，他太太又口沒遮攔地激怒他，當他正要發飆時，氣到一時口吃結巴說不出話，不經意說出：「阿阿阿……彌陀佛。」

不知道是不是菩薩的指示，提醒他生氣時別造口業，但從此之後，他只要一火大，就會轉念地說：「阿阿阿……彌陀佛。」自己覺得好笑，心情比較平靜紓緩，對方也能感受到他的幽默與善意，很多爭吵和謾罵，就此煙消雲散。

忍一時氣，風平浪靜；退一萬步想，海闊天空。更有趣的是，他太太聽久了，也自省自覺，因為她是基督徒，所以她每次生氣要罵人時，就會說：「阿阿阿……門。」用笑容和笑聲，取代爭執與忿怒，不是很好嗎？這就是 EQ 的力量！

⒬ 問問自己，聆聽內在小聲音

1. 我是個高 EQ 的人嗎？
2. 如果我能掌握自己的情緒，控制表達的言語，會有助於溝通表達嗎？
3. 這一篇哪段話或哪個故事最打動我，讓我有即刻改變的念頭？
4. 從今天起，我要怎麼做，才能在溝通或表達時，有效運用 EQ 的力量，讓自己更好？我的行動承諾是：＿＿＿＿＿＿＿

16
自信、勇敢的力量

經典好片《新不了情》中，有一段鼓勵男主角劉青雲的臺詞，是跟他一樣擅長吹薩克斯風的前輩所說：「每個人一生有好多次機會，最要緊的是看自己能不能把握住；我頂多埋怨自己運氣不好，但是從來沒有懷疑過自己的才華！記住，你千萬不可以懷疑你自己。」

✊ 溝通要自信，表達有勇氣

《李宗偉：敗者為王》是一部 2018 年馬來西亞的真人傳記電影，講述馬來西亞羽毛球王李宗偉的故事，片中一位支持他的長者，在他跌倒的時候，鼓勵他：「宗偉，當你懷疑自己的時候，不妨想想那些相信你可以的人！」

愛迪生說：「失敗也是我需要的，它與成功對我一樣有價值。我沒有失敗 5000 次，是成功了 5000 次，我成功地證明了那些方法是行不通的。」

良好的溝通需要自信，精彩的表達要有勇氣。勇氣常常來自於自信，而充分準備，盡力而為，會為你帶來自信。端

看你的準備夠不夠？信念強不強？知道你為何而來？來此做甚？有備而來，才能從容上臺。

溝通表達時，要發揮自信及勇敢的力量，你應該做到：

1. 用堅定的眼神，帶著穩定的微笑，專心注視對方。
2. 用沉穩的語調，不疾不徐的語速，娓娓道來，表達陳述，條理分明。
3. 用適時適當的肯定手勢，不隨意晃動身軀，腰桿打直，姿勢筆挺。
4. 經由大腦的思索，運用反覆淬鍊的文字，堅信不移的語氣，篤定的態度，鏗鏘有力的表達。
5. 準備！準備！再準備！充分準備，充滿自信則無所畏懼，臺上一分鐘，臺下十年功！

✊ 提升自信和勇氣的七大信念

一、樂於助人，無欲則剛，有容乃大

所謂「信念」就是你認為正確無誤而堅信不疑、堅定不移的想法、做法、態度和理念。心存善念和助人的信念，誠心地與人溝通，表達想法或理念。

因為我是來幫你的，所以無所求則無所懼，能包容別人跟自己的缺點、差異或歧見，就能表現出大氣和自信。

二、刻意練習做自己，要有「被討厭的勇氣」

學習溝通表達的正確心態與技巧，透過有方法、有計畫的刻意練習，讓自己不斷地進步與改善，精益求精，日新又新。孟子說：「自反而縮，雖千萬人吾往矣！」

反省自己，覺得自己有道理、站得住腳，則理直氣壯，縱然面對千萬人，我也會勇往直前。真正的勇氣，不是好勇鬥狠，而是站在真理的一邊，只要是道義所在，就算面對強權和暴力，即使有很多人的阻撓、反對和不理解，也絕不膽怯、氣餒、放棄，改變自己的志向。

換句話說，溝通表達時，毋須太在意別人想法或看法，不用刻意包裝，配合別人喜好，過於勉強自己。最重要的是：時時增進並清楚自己的實力和價值，即便暫時沒有掌聲，一樣表現出色，一定要相信自己。上臺表達前，不斷提醒自己：「這是我的場子，沒人比我更了解今天演講的主題，沒人比我準備得更充裕！」莫忘初衷，記住你是誰。

三、與恐懼和平相處

很多報導、研究和調查都說：「人們最大的恐懼是上臺演講，其次才是死亡！」我一直不大認同這句話，因為說這話的人應該都沒親身經歷過死亡。

「勇敢」並不是毫無畏懼，而是就算害怕，依然向前行。很多人害怕上臺表達，就算專業講師也在所難免，舉例來說，若是我很久沒上臺講課（譬如說：過完農曆年、長假

後的第一堂課），剛拿到麥克風的那一秒，可能會覺得有些陌生。然而高手可能就只有那一秒的陌生、緊張或恐懼，但一般人因為疏於練習，很少上臺分享，所以陌生的時間就會拉長，甚至整場都是如此。

莫急莫慌莫害怕，相信仔細看完本書，就算依舊會害怕，卻能讓你跟恐懼和平相處，縮短緊張的秒數，精彩上臺表達，贏得滿堂喝采。

事實上，大部分的恐懼害怕，都是自己想像出來的，人們擔心的事多半沒有發生，大可不必自己嚇自己。一定要堅定地告訴自己、幫自己洗腦或催眠自己：「緊張」只說明我是個正常人，「恐懼」只代表我當下還活著。

上臺前告訴自己：「觀眾很友善，溝通很簡單，表達並不難。沒什麼好怕，一切都會過去，我是最棒的！」

四、有良師益友做後盾

人都需要被支持、被鼓勵，擁有良師益友可抵千軍萬馬，要努力找尋，要萬般珍惜。不吝請教，刻意模仿，向良師益友致敬。同時，努力成為別人的良師益友，不吝分享，教學相長。「互助合作，團隊共好」，會為你帶來自信和勇敢的力量！

五、靜坐冥想深呼吸

「若人靜坐一須臾，勝造恆沙七寶塔；寶塔畢竟化為塵，一念靜心成正覺。」

靜坐、冥想，可淨化身心，但我這裡要表達的，並不是禪修的高深道理或方法，而是希望藉由日常簡單的閉上眼、深呼吸、吐口氣、放輕鬆、不多想、靜下心，讓自己較能沉得住氣，彎得下腰，抬得起頭。

給自己一點時間，五分鐘、三分鐘，甚至三十秒，讓自己靜靜地坐著，什麼也不想，由內而外放鬆下來，保持身心的清淨祥和，安定紛亂的想法，澄清雜亂的思緒，當你能做到淨化心靈、產生能量，自信得以顯現，勇氣油然而生。

六、不吹噓自己，不羨慕他人，不怕失敗，盡其在我

豈能盡如人意，但求無愧我心。人生不如意事，十常八九，多往好處想，保持正向的信念，會比較自信，更有勇氣。學然後知不足，虛心接受批評指教，坦然承擔失敗，勇於改變，不斷學習，成長改進，不擔心被挑戰或犯錯，就能增進自信與勇氣。

七、上臺的自信，其實是可以學習和訓練出來的

- 覺察不自信的情緒，人生三覺：覺得、覺察和覺醒。
- 描繪自信的目標和想像，想像當你完成目標時，那張充滿自信、享受成功喜悅的笑臉。
- 建立自信的五感（視、聽、味、觸、嗅）經驗，看到、聽到、感覺到自己很可以。
- 設定正向心錨，是自信情緒的啟動器。看到自己領到的獎狀和獎牌，或考試過關的專業證書與執照，

聽到振奮人心的美妙音樂，想到自己曾經堅持到底、反敗為勝的心情與經驗。

- 拒絕悲觀，豐富自己的世界觀，找到拉你一把的良師益友，多看、多聽、多走走。

✊ 求人不如求己

老王在屋簷下躲雨，看見土地公剛好撐傘走過。他大聲叫喊：「土地公，可以普度眾生一下，帶我走一段路好嗎？」

土地公說：「我在雨裡，你在屋簷下，而簷下無雨，你不需要我度。」

老王聽了，立刻跑出簷下，站在雨中說：「現在我也在雨中了，你可以度我了吧？」

土地公又說：「你在雨中，我也在雨中，我不被淋，因為有傘；你被雨淋，因為無傘。所以不是我度自己，而是傘度我。你要想被度化，不必找我，請自行找傘去吧！」說完便走了。

過了幾天，老王遇到了麻煩事，感到很徬徨，難過無助，便去土地公廟拜拜，沒想到才剛走進廟裡，就發現土地公竟然也在拜自己。老王好奇地問：「土地公，你為何還需要拜自己呢？」

土地公笑著回他：「因為我也遇到了麻煩事，但我知道求人不如求己。」

記住，培養溝通表達的自信和勇氣，務必要全力以赴，相信自己，因為求人不如求己！

❓ 問問自己，聆聽內在小聲音

1. 溝通表達時，我是個自信的人嗎？
2. 溝通表達時，我是個勇敢的人嗎？
3. 如果我能更有自信、更有勇氣，對於溝通或表達會有什麼樣的幫助？
4. 這一篇哪段話或哪個故事最打動我，讓我有即刻改變的念頭？
5. 從今天起，我要怎麼做，才能在溝通或表達時，有效運用「自信和勇敢的力量」，讓自己更好？
   我的行動承諾是：＿＿＿＿＿＿＿＿＿＿＿＿

17
尊重、包容的力量

向乞丐鞠躬

日本東京一家生意很好的點心名店門口，某日中午來了一個乞丐。他不僅衣衫襤褸，全身還散發著怪味，當他走到蒸點心的大爐子前，周圍的客人都皺眉掩鼻，露出嫌惡的神色。店裡伙計見狀，急忙呵斥要他趕快離開，沒想到乞丐卻拿出幾張髒兮兮的小面額鈔票，並說：「我今天不是來乞討的，我只是聽說這裡的點心很好吃，我也想嘗嘗。我已經想好久了，好不容易才湊到這一點錢，麻煩您了。」

店老闆目睹這一幕，便走上前，十分恭敬地將幾個熱騰騰的點心遞給乞丐，並收下他的錢，深深地鞠躬說：「多謝您關照，歡迎再度光臨！」

在這之前，無論多麼尊貴的客人來買點心，店老闆都只交給伙計們處理，但今天他卻親自招呼這個乞丐，還對他畢恭畢敬，眾人不解。店老闆說：「那些經常光顧我們店的客人，當然應該受到歡迎，他們都是有錢人，買幾個點心對

他們而言，是稀鬆平常的事。今天來的這位客人雖然是位乞丐，卻與眾不同，他為了品嚐我們的點心，不惜花很長時間才討得的一點錢，來店裡消費，實在很難得，我如果不親自為他服務，怎麼對得起他這份厚愛呢？」

「既然如此，為什麼要收他的錢而不請他吃呢？」旁邊的孫子不解地問爺爺。

老闆笑著說：「問得好！他今天是做為一個客人來到這裡，不是來討飯的，我們應當尊重他。如果我不收他的錢，豈不是對他的一種侮辱？要記住，尊重我們的每一位顧客和身邊的人，哪怕他是一個乞丐。他本來是乞丐，但今天是顧客，他需要的不僅是幾個點心，更需要得到做顧客應有的尊嚴，如果不收錢，反而會羞辱了他。」

這個孫子恍然大悟、銘記在心，而他就是前日本西武集團掌門人，兩度被美國《富比士》（Forbes）雜誌評為世界首富的堤義明，爺爺對乞丐的鞠躬之舉，深深地印在了當時只有 10 歲的堤義明腦海裡。

後來堤義明曾多次在集團的員工培訓大會上講到這個故事，要求員工像他爺爺那樣，尊重每一個顧客。

發自內心深處的理解

「尊重」指的並不是一般客套、寒暄的社交禮儀，而是發自內心深處，願意對另一個生命個體深切的理解、仁慈、

關愛、體諒、原諒、尊敬、看重和包容，超越任何身分地位、金錢物質，始於人性最真的一面。惟有如此，才是最純粹、最樸實、最禁得起考驗，也是最值得回報的。

孟子說：「**敬人者，人恆敬之。**」尊重別人的同時，其實也是在成就自己。常聽到一句話很有意味：「別人尊重你，不一定是你優秀，而是別人很優秀。」

尊重，是一種修養、一種品格、一種智慧、一種勇氣，一種不卑不亢、不仰不俯的平等相待，一種對他人人格與價值的理解肯定。真正優秀的人對誰都會尊重，尊重長官是一種倫理，尊重下屬是一種高度，尊重客戶是一種職業道德，尊重對手是一種氣度，尊重父母是一種孝思，尊重孩子是一種關愛，尊重另一半是一種智慧。簡單地說，尊重別人就是尊重自己。

「少年不識雙親意，養兒方知父母恩。」意思是小時候不知道父母的細心呵護、用心良苦，直到自己在教養孩子時，才知道當時父母的包容艱辛。以我自己為例，有時會自責，檢討自己為何對 6 歲兒子的包容與耐性，遠大於對 84 歲的老母親？孔子說：「色難。」當了父母更能體會，每當與老媽的溝通發生磨擦或衝突時，事後自省，自覺有過多的態度不佳、情緒勒索或言語暴力，往往深感虧欠。

「君不見高堂明鏡悲白髮，朝如青絲暮成雪。」若我們無法包容父母的年華老去或身心衰退，更有耐心和細心與其

溝通，人生最後留下的可能只剩遺憾與後悔。家人相處一輩子，有時彼此的溝通更難於外人，所謂家家有本難唸的經、清官難斷家務事，相愛容易相處難，家人的溝通和親情的表達，更需要好好學習尊重、練習包容。

🤜 同理尊重，善意包容

以下幾個方法，無論對家人或外人都適用，相信都能幫助你在溝通表達時，培養尊重包容的力量。

1. **寬恕的心**：不能只用在外人或只用在自己人身上，均衡人生很重要！先看優點，再看缺點，想想對方好的一面，如果沒有要一刀兩斷、老死不相往來。人非聖賢，孰能無過，別把對方批評得體無完膚，讓彼此毫無退路。

2. **開放的心**：想想對方的好，對你的重要性是否無可取代、獨一無二？

3. **慈悲的心**：放彼此一馬，為雙方留一條路走，來日好相見。包容對方的背景、狀況和處境，換位思考，將心比心。

4. **感恩的心**：感恩才能尊重，感恩就會包容。

證嚴法師說：「**每個人都能縮小自己時，大家的空間就變大了。**」

法國哲學家伏爾泰為「尊重包容」所做的最佳詮釋：「**雖**

然我不同意你說的話，但是我誓死維護你說話的權利。」

愛因斯坦說：「**寬容就是尊重別人的任何信念。**」

卡內基說：「**對別人的意見要表示尊重，千萬別說：你錯了。**」

- 跟主管溝通時，不要忘記他的職位，不管是職場倫理，或是有人罩你，基本的尊重和禮貌要展現。
- 跟部屬溝通時，不要忘記他的價值，沒有他，很多事你得親力親為，魚幫水，水幫魚。
- 跟女人溝通時，不要忘記她的情緒，女人來自金星，先處理心情，再處理事情。
- 跟男人溝通時，不要忘記他的面子，男人來自火星，面子做給他，比較好說話。
- 跟老人溝通時，不要忘記他的自尊，敬老孝順不是口號，我們都會這樣變老。
- 跟孩子溝通時，不要忘記他的純真，大人的複雜世界，孩子真的很難搞懂。

有些人說了一些輕蔑羞辱他人的話，或是做了一些侵犯他人權益的事，當對方感到悲傷、憤怒、回嗆或報復，這些人的回應卻只是輕描淡寫地說：「你實在沒必要這樣！」、「你這麼做實在沒有理由！」、「有那麼嚴重嗎？」、「你不用這麼玻璃心吧？」

各位讀者，若被羞辱侵犯的是你，做何感想？溝通若是

沒有同理、善意和尊重，只有自尊、自大和自私，腦中只有自己的想法，眼中只有自己的利益，衝突就會產生，磨擦就會加重，距離就會拉遠，關係就會惡劣。人都是需要被尊重對待的，你我都一樣，對吧？

溝通表達三線

人際溝通與表達，想要彼此尊重、相互包容，就應該為自己和對方畫出安全有效的「**溝通表達三線**」：

1. **界線**：溝通時，什麼主題和內容能說？說了關係更密切、合作更愉快；什麼話不該講？講了生意沒得做，感覺不友善？這些你都清楚嗎？楚河漢界劃的不是線，是尊重，是包容，誰也別犯誰。

2. **底線**：超出對方忍受範圍，踩到對方底線，朋友沒得做，老死不相往來。

3. **紅線**：是可忍，孰不可忍，退此一步，即無死所，當無路可退，就看誰怕誰。

忍太久，會內傷出事，線太多，沒親朋好友。畫線是一種力量，是一種智慧，也是一種經驗。無論如何，勇敢讓對方清楚知道你的「溝通表達三線」，雙方比較容易充分溝通，順利表達！

《婚姻故事》（Marriage Story）是一部 2019 年的劇情片，獲得第 77 屆金球獎共六項提名，為該屆入圍項目最多的

作品，由漫威「黑寡婦」史嘉蕾·喬韓森主演。故事描述一對夫妻決定離婚，原想好聚好散的他們，卻為了爭取兒子的監護權而陷入痛苦掙扎。

本片最精彩的一幕，莫過於男、女主角最後談判的溝通對話，當兩人為了離婚一事吵得不可開交，女主角忽然氣極敗壞地說：「你真是跟你爸一個樣！」她踩到了對方的底線或紅線，開啟了無可救藥的戰端。

果然，男主角馬上衝過來說：「別把我跟我爸比！」

「我沒把你跟他比，我是說你的行為跟他很像。」女主角試著解釋，緩和對方的怒氣，但男主角覺得被徹底羞辱了，氣到不行，聽不進解釋，只想立刻反擊對方：「你就跟你媽一樣，你抱怨她的毛病其實自己都有，兒子都快被你逼死了！」

當人們被激怒，覺得自己被侮辱，一時找不到反擊的話語或方法，失去理智時，一心只想找對方的底線或紅線來踩，狠狠地報復對方，卻不自覺如此一來是要逼死對方也逼死自己，不留退路。女主角馬上回嗆：「你竟敢說我跟我媽的教養方式一樣！我也許跟我爸一樣，但我跟我媽不同。」

男主角再加碼嗆：「明明就一樣！而且你也像我爸，你集合這些人的所有缺點，但主要是你媽。」溝通好慘烈，表達超嗆辣！若這不是電影情節，就可能演變成凶殺案的場景了。想想看，換做是你會怎麼做？談判溝通時，千萬別把話

說得太滿，說得太死，說得太絕！尊重與包容的「溝通表達三線」真的很重要，您說是嗎？

18
批評、改正的力量

正話反說的技巧

春秋時代，齊景公最鍾愛的一匹馬突然死了，他十分傷心，也很生氣，堅決要將養馬的官吏肢解處死，懲罰其怠忽職守，以儆效尤。大臣們紛紛勸說進諫，千萬不能為了一匹馬而殺掉一個人，何況手段如此凶殘。但齊景公根本聽不進去，大聲斥責養馬官吏該殺，丞相晏嬰這時突然站出來說：「這個官吏，的確該殺！」

大臣們都愣住了，不明白為什麼向來辯才無礙、直諫不諱的丞相，竟然附和齊景公這個極不人道的決定。齊景公一看連足智多謀的丞相晏嬰都支持自己的決定，心情頓時好多了，一聲令下，左右侍衛便要前去抓養馬者。晏子見了，示意侍衛暫且留步，並請教齊景公：「君上，要肢解人也須有個方法步驟，但不知古代聖王堯帝和舜帝在肢解人的時候，通常是先從哪個部位下手？」

正值氣頭上的齊景公聽了大吃一驚，想到堯、舜是一代

聖王，愛民如子，哪會肢解人呢？自己今天這樣做，恐怕與聖賢背道而馳，反而與桀紂等暴君齊名為伍，內心瞬間感到慚愧，但餘怒未消，便下令：「好吧！免去肢解，先將他交付天牢，再處以死刑。」

晏子請求齊景公把那個官員宣上殿來，他要當著所有大臣的面，宣布該罪犯的三大罪狀，向大家證明齊景公殺人的決定，絕對正確無誤。齊景公覺得有道理，便吩咐人把那個罪臣押上殿來，讓丞相宣布三大罪狀。

大殿上，晏嬰指著罪臣大罵：「大王讓你負責把他心愛的馬養好，你卻失職地讓一匹馬莫名其妙地死在你手裡，這是你的第一大死罪。」

「因為失去了自己心愛的馬，大王又傷心又生氣，以至於向來勤政愛民的他不得不殺掉你，以便告誡他人，對工作絲毫不能怠忽職守。大王這樣不得已的命令，都是被你逼出來的，這是你的第二大死罪。」齊景公一臉嚴肅，沉默不語。

「你最不可饒恕的罪狀是，惹得大王只因為一匹馬就殺掉你，深明大義的人，都明白你是罪有應得，可是大多數人民卻不知道你是死有餘辜，可能會錯誤地以為在大王眼裡，馬命真的比人命更重要，你害大王背上了不仁不義的污名！你說，你是不是罪大惡極，死有餘辜呀！」

現場所有人都沉默了。

齊景公在王座上聽後，不禁嚇出一身冷汗，晏子講的每

一條罪狀都不足以判養馬者死刑，驚覺自己的過錯。過了許久，只聽齊景公緩緩地嘆了口氣，對晏子說：「丞相，你就開釋他吧！無論如何，也不能因為一匹馬而傷了我做君王的仁德之心啊！」

晏嬰在危機之時，採取了「正話反說」的方式，字字珠璣、點到為止，讓齊景公自己反省他這個不人道的衝動決定，不僅保住養馬者的命，也維護了齊景公的形象與威望。

在老闆暴怒時，倘若自以為是地強要直言相勸，不但無法說服長官，自己恐怕也要惹禍上身。晏子在情急之下，能沉穩不亂、急中生智，以善巧的勸諫批評指正老闆，解救了養馬者，同時也讓景公發現自己的過錯，及時更正，收回成命，這就是批評與改正的力量。

🐸 林肯總統的兩封信

在美國南北戰爭知名的「蓋茲堡戰役」中，林肯總統麾下的喬治・米德將軍，因為不聽他的命令，延誤了軍機，造成南方陣營李將軍的部隊順利撤軍逃離。盛怒之下，林肯寫了一封信給米德將軍，在信中的最後幾句話，林肯毫不保留地直言他的不滿：「期盼你會成功是不智的，我也不期盼你現在會做得更好，良機一去不再，我實在深感遺憾。」

但直到林肯總統過世後，後人整理遺物時，才發現這封信還躺在他的抽屜裡。為什麼林肯沒寄出這封信？也許他心

裡明白，這封信寄出後，一旦米德將軍看完信，他們之間的關係將出現一道永難彌補的裂痕，米德可能從此不會再全心全力為他打仗，甚至卸甲掛冠而去，這對林肯自己和整個國家並沒有任何好處。

一念之間，林肯留下了這封信，把這封信擱置一旁，因為他知道尖銳無禮的批評、斥責、辱罵，不管你是對是錯，永遠只會適得其反，不僅破壞彼此關係，對方也很難改正。

此外，從林肯給部屬的信中，可以一窺他的溝通表達方式。胡克將軍是一位具有爭議性的將領，他有個「好戰喬」的綽號，是位能先發制人並取勝的將領，但他常常批評長官、與人爭執。當時林肯需要一位行動派的將軍，他必須管得動這位有能力卻自大狂妄的部屬，於是他寫了封信給胡克，這次的信有寄出。內容大意如下：

致陸軍少將胡克將軍：

我已任命你為波多馬克陸軍的指揮官，當然，我如此做自然有充分的理由。然而，我想你最好也瞭解，我對你有些地方不甚滿意。（**直接破題講重點。**）

我相信你是位英勇善戰的軍人，這點我當然很欣賞，我也相信你不會把政治和你的職業混為一談，這點你做得很好。你滿懷自信，這特質也相當可貴；你野心勃勃，在合理的範圍之內，這點利多於弊。（**批評前，先稱讚對方。**）

但是，我認為在伯恩賽將軍掌管軍團期間，你竟基於自己的野心，竭盡所能地阻撓他，這無異大大危害了國家，也深深傷害功勳彪炳、正直高尚的同袍。我不斷聽聞你近日的高談闊論，你說軍團與政府都需要獨裁者，我任命你為指揮官，當然不是因為如此，也沒因此改變我的決定。只有獲得成功的將領，才有資格以獨裁者自居，我現在要求你在軍事上取得成功，也甘願以獨裁為賭注。政府會盡全力支持你，一如以往支持眾指揮官一樣，不多不少，將來亦然。

我相當擔心過去你在軍團裡批評指揮官、挑撥離間的煽動作為，如今會適得其反。我會盡可能協助你壓制此種聲浪，如果此風盛行，不只是你，就算拿破崙在世，都無法讓軍團有勝算可言。當務之急，戒急用忍，切勿魯莽躁進，請以十足的幹勁、不眠的警覺往前邁進，並帶回勝利的捷報。

你最真摯的林肯

在這封信中，林肯先稱讚胡克，具體說明欣賞他的特質優點，明確告訴對方自己最真實的想法與擔憂，也確實說出了自己對胡克的期望與信任，希望他記取教訓，確實改進，並鼓勵他採取主動，做正確的事。

據說這封信讓胡克大受感動，他對記者說：「這簡直就是父親寫給兒子的信啊！」身為領導人不就該是這樣嗎？循循善誘、引導部屬，就像父母對待子女一樣。

讚美針對人，批評針對事

人的行為會受到對方溝通方式、言語表達內容所左右是很正常的，所以要善用溝通勸說之法，尤其是寬容、不擺架子、先褒後貶的勸說。有句格言說：「一滴蜜吸引的蒼蠅，比一加侖的膽汁還多。」人際溝通也是如此，想批評他人、改正他人，贏得別人對你理念的認同，首先要說服他，讓他聽得進去，清楚知道你是他最真誠、值得信任的朋友、部屬或長官。

青年時期便參與過卡內基訓練課程的股神巴菲特，終生信奉「**讚美針對人，批評針對事**」的原則，認為威脅責備只會讓員工心生厭惡，唯有鼓勵和關心才能改善現狀。即使真的非要批評、責備、指正不可，巴菲特也會依循卡內基的溝通表達原則：「**先讚美、再責備。**」

當經理人表現不如預期時，巴菲特會告訴他：「你曾是最優秀的員工，也是其他人的表率，許多顧客都對你讚不絕口。但是你最近的表現似乎有點下滑，我很擔心你，有什麼我可以幫忙的嗎？」這樣的溝通方式，常能喚起當事人的榮譽感、自尊及感恩之情，努力修正調整，期望回復到過往的工作水準。

暢銷全球的企管課程及叢書《一分鐘經理人》，教我們以下四個重點步驟，順利執行批評的工作或任務。

1. **立即、清楚、描述不好的表現：**無論當別人的老闆或老爸，建議別做鄉愿（外貌忠厚老實，討人喜歡，溫和處事，實際上卻是膽小怕事，得過且過，不想得罪別人，破壞和諧，只想建立良好關係而不能明辨是非的人），要即刻、明確具體地指正錯誤，要求盡快改進修正。

2. **告訴他們「你此刻的想法」：**讓對方清楚你現在對這件事的認知與感覺，以及對他有什麼不滿或負面想法、評斷。

3. **鼓勵並提醒他們，你仍然很看重他們：**告訴對方，只要能改進，明天的太陽依舊會升起，你們的關係不變，你對他的認知與認同依舊。

4. **讓他們知道一切已結束了：**讓對方明白，自己只是就事論事，對事不對人，請他放心。

建設性導正

　　人，大多不喜歡被當面批評、直接糾正錯誤，不管出自善意或惡意，這就是人性。當你不得不批評對方，要求對方必須改變、修正、精進時，無論是子女、部屬或朋友，只要是人，都可以使用「**建設性導正**」的技巧，事半功倍地達成批評目的。

　　在批評改正對方前，為了能進行有效的溝通、清楚的表達，我們必須重新營造較為和諧安全的溝通環境和氛圍，這裡有兩大關鍵做法：

一、先行退出對話，重新塑造和諧氣氛

1. 內在的健康自我對話

- 我真正想要的是什麼？但願他好、我好、大家好，希望維持我們之間的良好關係。

- 對方真正想要的是什麼？被關懷、被暸解、被看見、尊重的教導、平等的對待。

- 我該如何做，才能讓關係重建，有效溝通，精準表達，創造彼此雙贏？

2. 外在的語言表達技巧

善用本書所寫「正向的力量」＋「了解的力量」＋「幽默的力量」＋「同理的力量」＋「傾聽的力量」＋「親和的力量」＋「尊重、包容的力量」＋「讚美的力量」＋「鼓勵的力量」。

二、「建設性導正」的運用

- **適用時機**：溝通時、對話中、他人誤會你的意圖與目的時、你想要批評並改正對方的缺點或過失。

- **表達技巧**：藉由我「不是、不想、沒有、不希望……」的意思表示開始表達，藉由對對方的認識、觀察、了解，或從他人口中得知的長處、優點、好表現，誇獎讚美對方，之後再解釋我真正「是、想要、暸解、希望」的意思來陳述意見或建議。

舉例 1：Alan 上班、開會經常遲到

Alan，我不希望你以為我故意要責備你，我們能一起工作真的很棒，你做事認真仔細、積極負責的態度，都是讓大家欣賞且值得向你學習的地方。然而，守時是建立單位紀律，有效學習的重要關鍵，所以為了你，為了整個團隊，我希望你能夠遵守，好嗎？

舉例 2：Judy 常說負面話，破壞團隊氣氛

Judy，我不是故意要指責你，我們能夠成為同事是一種緣分，我也相當欣賞你做事認真負責的態度和專業能力。或許你常不自覺地說負面話並沒有惡意，也不是要攻擊別人，其實正面積極的話語，對自己的人際關係和團隊合作都非常重要，否則造成別人對你的誤會，不是很可惜嗎？所以我希望你要多說好話，給夥伴希望，讓我們的人際關係變得更好，你說好嗎？

Q A 問問自己，聆聽內在小聲音

1. 我是個懂得如何批評他人，協助對方改正的人嗎？

2. 如果我能更有技巧和智慧地批評，是否更能幫助他人改正？

3. 這一篇哪段話或哪個故事最打動我，讓我有即刻改變的念頭？

4. 從今天起，我要怎麼做，才能在溝通或表達時，有效運用「批評與改正的力量」，讓自己更好？我的行動承諾是：＿＿＿＿＿＿＿＿

19
提問的力量

　　特斯拉、SpaceX 創辦人馬斯克（Elon Musk）是 2022 年的全球首富，他是天才，也是個傳奇，無論領導或選才，都有自己獨到的見解和做法。他曾透露，比起高學歷，他更重視員工的專才，只要在面試時問一道題目，就可以讓他瞬間知道面試者所說的經歷是否為真。這個問題很簡單，不是天才的你我都會問，而且一問便知曉，那就是：「請告訴我：你遇過最棘手的問題，以及你如何解決那個問題？」

　　馬斯克說，這道題目看起來不難，也沒有專業知識，但他可以從面試者的回答中，辨別出對方說話的真實性，當面試者回答時，他會要求對方「仔細分享當時解決的細節」，此時，面試者在過程中若講不出合理的細節，就可以馬上推測對方吹噓的成分相當大。

很多時候，問題比答案難找

　　這不禁讓我想到多年前曾參加過花旗銀行的 MA（Management Associate，儲備幹部）面試，二位考官同時面

對三位應徵者，同樣的問題由三人輪流回答。

其它的問題我都不大記得（應該是因為回答得沒有另兩位應試者好），但有一個題目，我的表達非常流利順暢，完全不用準備。主考官問我們：「有沒有自己規劃過一趟美好旅程的經驗，請詳細說明你是如何規劃的？」

坦白說，在美國讀 MBA 的期間，到處旅遊走跳的里程數，應該比讀進大腦的書本內容還多，無論是從芝加哥向西開車到黃石公園和落磯山脈，去 Rushmore（拉什莫爾山）看四個美國總統的石雕像；往南開到紐奧良參加 Mardi Gras（美國最大的嘉年華會），到德州休士頓看 NBA 職籃史上第一大前鋒鄧肯（Tim Duncan）領軍的聖安東尼奧馬刺隊，痛宰小巨人姚明領軍的休士頓火箭隊；往東飛到紐約看 MLB 職棒洋基隊和 NBA 職籃尼克隊的比賽；或是為期 20 幾天的西岸洛杉磯、舊金山、賭城拉斯維加斯及西雅圖之旅。不管是準備行李、旅遊計畫和行車路徑所印出的 Google 地圖（GPS 系統還不發達的年代），或是上 Priceline 網站去投標機票、飯店、餐廳和租車的經驗，瞬間歷歷在目。

搭飛機和開車萬里長征的旅程，比書中的知識更容易放在腦中，終身難忘。正所謂「行萬里路，勝讀萬卷書」，記憶深刻，讓我信手拈來，侃侃而談。另兩位面試者顯然多把時間花在書本上，這一題自然答不太出來。

馬斯克的提問，相當精準有力，如人飲水，冷暖自知。

他說：「很多時候，問題比答案難找，如果你可以適當地說出問題，就比較容易找到答案。」

英國大文豪莎士比亞說：「To be, or not to be, that is the question.」（生存還是毀滅，那才是問題所在。）

愛因斯坦說：「最重要的事情，就是不要停止提問，好奇心有其存在的理由。」

這位大科學家也說過：「如果我有一小時拯救世界，我會花 55 分鐘想問題，用 5 分鐘想答案！」

奇異公司前總裁 CEO 傑克‧威爾許（Jack Welch）認為，真正問最多問題和最好問題的那些人，才是領導者。

溝通表達，自問自答

《孫子兵法》第一篇〈計篇〉講的「七計」，包含了開戰前主事者七個重要的自省問題：

- **主孰有道？**（問自己：雙方的領導，誰比較能帶人帶心？）

- **將孰有能？**（問自己：雙方的將軍，誰較具備「智、信、仁、勇、嚴」五大特質？）

- **天地孰得？**（問自己：雙方誰占了天時地利，掌握地形地物的優勢？）

- **法令孰行？**（問自己：雙方的法律制度，何者較能落實執行？）

- **兵眾孰強？**（問自己：雙方部隊的士兵，誰比較強大有戰力？）
- **士卒孰練？**（問自己：雙方部隊的士兵和人員，誰的教育訓練比較紮實？）
- **賞罰孰明？**（問自己：雙方的紀律，誰比較嚴明？）

《孫子兵法》千古流傳，不分東西，不只做戰，做人做事，這七個問題同樣適用。

若身為主管的你，不妨跟自己溝通一下，問問自己以下 15 個好問題：

1. 我為什麼要當主管？

2. 我要成為怎樣的主管？

3. 我要如何成為這樣的主管？

4. 我的部屬是否都認為自己是團隊中重要的一員，但並不是缺他不可、非他莫屬？

5. 我瞭解部屬的工作過程和困難點嗎？還是只在乎結果、成績或業績？

6. 當任務來臨或問題產生，要扛起責任時，我是高高在上還是和夥伴們站在一起？

7. 我瞭解同仁間相處的狀況嗎？團隊目前的士氣如何？能發揮共好團隊力嗎？

8. 同仁會主動找我聊聊、詳談，或回報工作的進度與困難嗎？

9. 我每天都主動關心遲到或未到的同仁,並確實瞭解原因嗎?

10. 我是否會主動拔擢或簽報獎勵同仁?有做到公平、公正、公開的原則嗎?

11. 我是否重視同仁的教育培訓、專業精進、學習成長或職涯發展?

12. 我是否在乎同仁的休假與福利,並積極為他們爭取?

13. 我是一個好的教練(Coach)嗎?

14. 我努力帶人帶心,做出成績,爭取榮譽,帶領團隊越做越對?

15. 我的部屬平均和我合作的時間大約多久(幾年幾個月)?

✊ 提問的技巧

要培養自己的銷售溝通表達力,你可以試著問客戶以下四個好問題:

1. **探索情境**:問對方現況有什麼?正在做什麼?目前怎麼做?

2. **發掘機會**:問對方目前成效如何?有何困難?他的想法或看法?

3. **分析現況**:用提問來提醒對方,不改變的影響、感

覺或後果為何？

4. **確認需求**：用「限制式問句」（Yes or No 或是選擇題）確認需求。

舉例說明：鄭媽媽的退休規劃。

1. 請問您用什麼理財工具規劃退休生活？（開放式提問，讓客戶暢所欲言）

2. 目前效果好嗎？您覺得夠安心放心嗎？（封閉式提問，Yes or No 或是選擇題）

3. 您知道如果沒有提前做好退休規劃，或規劃時沒有考慮到通膨問題，會有怎樣的影響和後果嗎？（開放式提問，讓客戶暢所欲言）

4. 所以您需要的退休規劃是固定配息，類似銀行定存，而且要以新臺幣計價，對嗎？（封閉式提問，Yes or No）

「好問題」可以幫助你做好下列九件事：

1. 正向及專注（Focus）。

2. 看清楚情況和局勢。

3. 深度的自省。

4. 增加提升創意。

5. 激發勇氣和增強力量。

6. 打破既有框架，引導突破性思考。

7. 了解並解決問題。

8. 敞開心胸、思考得更透徹。

9. 想想為何做？如何做？並立即採取行動。

溝通表達時，提問問題的六個小技巧：

1. 一次只問一個問題，清晰簡潔。

2. 提醒對方，若願意回答問題，也許你可以幫到忙，有所貢獻。

3. 問題結束時停頓一下，讓對方有思考時間。

4. 學習聆聽，既然問了就要好好專心聽對方說。

5. 提問後續問題，代表你有認真聽，真心想了解或學習。

6. 道謝，對方通常沒有義務回答你，要表示謝意，建立良好關係。

我在各大金融機構授課多年，常聽銀行理專說：「遇到大環境不好、投資失利，或是一些作業進度不如人意，有時客戶會情緒化地批評，或很凶地抱怨我們銀行不好、很差勁，甚至用字不雅，說我們很爛。」

我通常半開玩笑地問他們：「你們要不要知道我都怎樣教台新銀行的理專，面對這種狀況時，如何回應這個問題呀？」他們大多很有興趣想知道。我的答案就是：「富邦更爛！國泰更糟！中信更差勁！」現場笑聲未停之前，我會趕

快鄭重聲明：「剛才是開玩笑的，千萬別當真！其實你們可以問客戶一個很簡單的問題：您為什麼這麼覺得呢？」

我在國泰人壽做業務賣保險的時候，客戶抱怨：「你們國泰都不理賠！」

我馬上回答：「您為什麼這麼覺得呢？如果該賠不賠，請您把保單拿來公司，讓我為您服務。我也很好奇，國泰為何不賠？」

客戶的回應讓我傻眼，他說：「我是聽別人說的啦！」您瞧瞧，很多時候，你真的不用急著爭對錯、論輸贏，反而可能會引發衝突。

問個好問題，建立好關係

輕鬆問個好問題，就沒什麼問題，這就是溝通表達中：**提問的力量。**

客戶說：「產品太貴了！」──「您為什麼這麼覺得呢？」

業務員抱怨：「我們公司產品都不好賣！」──「你為什麼這麼認為呢？」、「是產品不好賣？還是產品賣不好？」

另一半說：「你根本不用心！」或「你每次都這樣！」──「你為什麼這麼覺得呢？」

老闆說：「你沒有為公司盡心盡力！」──「您為什麼這麼覺得呢？」（注意！問心無愧再說，比較有力道。）

臉書首席運營長雪柔・桑德伯格（Sheryl Sandberg）曾表示，在 2015 年遭遇突如其來的喪夫之痛時，她很不能接受親朋好友們一看到她就問：「How are you?（你好嗎？）」

她覺得：「我失去了摯愛，孩子們失去了父親，我還能好到哪去？這樣的問法，欠缺同理心。」

她說：「如果可以的話，我寧願大家的問候是：How are you Today?（你今天好嗎？）」

文字如此神奇，問個好問題，建立好關係，多了「今天」對方的感覺就是不一樣。將心比心，多些同理，多點溫度，多份關懷，你是否也有這樣的感覺呢？對了，你今天過得還好嗎？

Q_A 問問自己，聆聽內在小聲音

1. 我是個懂得如何問好問題的人嗎？
2. 如果我能更善用提問的力量，對於工作或生活會有幫助嗎？
3. 這一篇哪段話或哪個故事最打動我，讓我有即刻改變的念頭？
4. 從今天起，我要怎麼做，才能在溝通或表達時，有效運用「提問的力量」，讓自己更好？我的行動承諾是：_____

20
邏輯的力量

　　邏輯（logic）又稱理則、論理、推理、推論，是有效（或正確）推論的研究；更廣泛地說，邏輯，**是對論證的分析和評估。**（摘自維基百科）

　　本書寫的是溝通與表達，因此這裡提到「邏輯」，並不是要強調所謂「理則學」的三段論證：前兩個命題被分別稱為「大前提」和「小前提」，如果這個三段論是有效的，這兩個前提邏輯上蘊含了最後的命題，它叫做「結論」。

　　舉例說明：

　　所有動物都會死。（大前提）

　　所有人都是動物。（小前提）

　　所以，所有人都會死。（結論）

　　溝通時，要避免言不由衷、辭不達意；表達時，要慎防自相矛盾、前後不一、結構鬆散、毫無章法，讓對方有聽沒有懂，或越聽越茫然，很快助眠進入夢鄉。溝通表達的架構、結構前後是否連貫，讓觀眾聽得清楚明白，就是本篇要跟你

分享——邏輯的力量。

✊ 上臺表達的架構

　　人的大腦分左腦和右腦，科學家研究證明：左腦掌管語言、邏輯、分析、推理；右腦掌管直覺、情感、想像、創意。因為我們不知道對方是左腦人、右腦人或是左右兼具的全腦人，所以想要溝通更有效，表達更吸睛，就要努力培養自己，鍛鍊自己成為全腦人。

　　問問自己，當溝通表達時，你可不可以再清晰、簡潔、有力一點？上臺表達的架構與邏輯可概略分為四大結構：

1. **暖身及破冰**

   最好跟主題有關，會更引人入勝。如：說故事、講笑話、播短片、放音樂、暖身運動、自我介紹、帶小活動、玩小遊戲。

2. **開場 3P**

   - 目的（Purpose）：來此做什麼？今天主題為何？
   - 過程（Process）：表達的重點與大綱。
   - 好處（Pay off）：為何要來聽我講？對您而言，有什麼價值或利益？

3. **詳細內容（Content）**

   「溝通表達邏輯力」八大技巧的學習與運用。

4. **總結（Wrap-up）**

摘要結論、啟發心得、行動與改變的力量。

如何使用架構、框架來呈現出溝通表達的邏輯感或層次感，讓聽者聽得清晰，且更有說服力？BNI 每週例會的「會員 30 秒商務簡報」、「3 分鐘教育培訓時間」，及大約一年輪到一到二次的「會員 10 分鐘專題演講」，都是非常好的自我練習成長機會，值得學習探討。

BNI 是一家全球性的商業網絡組織，成立於 1985 年，會員都是專業的商務人士，經由對其主要核心價值「Givers Gain」（付出者收穫）的承諾，幫助彼此發展事業。在全球數千個區域，每週會員與其他值得信賴的商業領袖會面，以建立和培養長期有意義的關係，並產生合格的商務引薦。

記得 2018 年剛加入 BNI 的前三個月，每週戰戰兢兢準備「會員 30 秒商務簡報」，我常說：「每次上臺都很緊張！」夥伴們覺得我是開玩笑的。「立德，你是專業講師耶！怎麼可能會緊張呢？」

我的回答是：「就因為我是專業講師，你們都拿放大鏡看我，所以一定要特別用心準備，以免超過時間被鈴聲趕下去！」這真的不是開玩笑的。

多年前參加卡內基課程，我就有這樣「慘痛」的經驗。卡內基的每堂課都要上臺分享，計時 90 秒，一開始沒認真準備，常被控制時間的鈴聲請下臺，覺得很窘。同學們懷疑地問我：「立德，你不是專業講師嗎？」

我的回應是：「你要我講 90 分鐘或 9 小時都可以，但是 90 秒實在太短了，不準備不行！」到了 BNI 的 30 秒商務簡報，時間更短，當然更需要準備。

曾經有人請教美國前總統威爾遜（Woodrow Wilson），一場演講需要花多少時間準備，他語帶智慧及幽默地回答：「喔！這得視演講的長度而定，若是 10 分鐘的演講，我得花上整整兩星期的準備時間；若是半小時的演講，我要花一星期準備；若不限制演講長度，我想講多久都行的話，那就不需要做準備，我現在就可以上臺。」

你看，美國總統跟我講的一樣，對吧！

以 BNI「30 秒商務簡報」的邏輯結構為例：

一、架構：（我─優─你）

1. 我是誰

   - **易記的名字**：我是 Leader 鄭立德。
   - **業界封號**：談判溝通超業培訓師。
   - **Slogan**：專業培訓找立德，談判溝通鄭能量！

2. **優勢、專業、特色和長項**：服務項目、解決問題、個人資歷、獨特優勢、創造價值、故事案例、真實見證。

3. 希望你能為我引薦的人脈或產業。

二、有效的「30 秒商務簡報」自我介紹包括：

1. 我的姓名、公司名稱、職業別、我們是做什麼的？

對你的事業做簡要概述。

2. **聚焦重點**：教育大家有關你的事業，其中之一的具體或特定項目（30 秒的時間有限很寶貴）。

3. **主要內容**：延伸說明上述你所提及的內容。

4. **要求採取的行動**：一個非常具體的商務引薦要求。

5. 結尾姓名、公司、行業和記憶連結點（Slogan）。

三、「30 秒商務簡報」可包含的 15 項元素：

1. Slogan：是口號，也是一種心錨！一聽到就想到你的一種魔法啟動器。（如：華碩品質，堅若磐石；只有遠傳，沒有距離；全家就是你家）

2. 聚焦 20 字差異化敘述：清晰，簡潔，有力！

3. 江湖名號：暖男律師、三頭六臂的會計師、天龍八步的談判溝通專家、幫您圓夢說故事的室內設計師、理財規畫顧問業的李安。

4. 服務項目：講座演講，顧問諮商，課程培訓。

5. 個人資歷與優勢：金融研訓院連續十年績優的「菁英講座」名師。

6. 道具：公司產品或自己寫的書。

7. 結合時事。

8. 一分鐘話題接龍：聖誕節的相關主題！

9. 成功案例。

10. 問題：你知道裝了特製蜂巢簾，不開冷氣也能涼

　　快一夏嗎？

11. *互動遊戲。*

12. 代表性客戶：五百大上市公司，國內外知名品牌。

13. 引薦對象：我可以幫夥伴引薦，或希望大家幫我引薦的企業廠商。

14. 笑容：親切自然，專業自信。

15. 聲調變化、段落分明。

✊ OGSM 法則

　　「OGSM 法則」來自於管理學大師彼得‧杜拉克（Peter Drucker）的目標管理（Management by Objectives，MBO）概念，透過目標、指標將理想轉化為可以被執行的具體行動方案，而且一目瞭然，易於溝通、精準表達。

　　OGSM 包含四個項目：O（Objective，**最終目的**）、G（Goal，**具體目標**）、S（Strategy，**策略**）、M（Measure，**檢核**），又稱為「**一頁計畫表**」，只要一張工作表就能讓各單位理解，並且馬上反應，即刻執行。

　　舉例來說，假設 2022 年烏俄戰爭中的俄國總統普丁（Putin）有使用 OGSM：

- **O 最終目的**：併吞烏克蘭，完成普丁心目中統一的歷史大業。

- **G 具體目標**：完全占領並宣布承認位於烏克蘭東部

地區的頓內茨克（Donetsk）、盧甘斯克（Luhansk）等 2 個分離共和國實體為獨立狀態。

- **S 策略**：以海空封鎖、戰車坦克大軍壓境，步步逼進並包圍烏克蘭的首都基輔。

- **M 檢核**：戰爭進度、俄軍死傷人數、裝備損失情況、國際制裁的影響、盟友的支持程度……

既然講到俄國總統普丁，就不得不來看看演說表達高手——烏克蘭總統澤倫斯基，如何透過視訊跟美國國會的兩黨議員進行演說、有效溝通。這場視訊會議關係到好幾十億美元的軍援金額，也關係到烏克蘭可以買什麼武器和買到多少武器，過程中澤倫斯基精準表達的三個大綱是：

1. **確定自己要的是什麼**

   烏克蘭現在最需要的是什麼？澤倫斯基講得很清楚，面對現在的戰局，俄羅斯享有空軍的優勢，從高空轟炸地面設施，防不勝防。為了確保軍用物資以及人道走廊的運輸，他要的是「防空武力」，包含設立禁航區等等。

2. **訴求情感讓人感同身受**

   澤倫斯基擅用影片和照片說故事，呈現出烏克蘭家園被俄軍狂轟濫炸後的破敗現況、無數家庭的破碎、純真孩童的眼淚，加上動人的背景音樂，十分催淚。除此之外，他更用美國人最能感同身受的 911

事件以及珍珠港事件，來喚醒大家心中的感受。

3. **給對方幾個選項**

最終提供一個轉圜空間，讓對方即使無法立即答應烏克蘭的主要訴求，也能接受退而求其次的方案。澤倫斯基最後說：「如果不能設立禁航區，那麼請給我們S-300飛彈，我知道世上有這個系統，但這些系統現在並不在烏克蘭，無法防衛烏克蘭的天空。」

溝通表達目的不只是為了得到大家的掌聲喝采，更重要的是清楚地讓對方知道，我方的要求是什麼，並充分表現出邏輯性與急迫感。必須把你要的東西具體量化，擺在桌上，訴之以理、動之以情，兼具彈性，以完成眼前目標。讓對方聽懂，讓自己好過。

溝通表達邏輯力的八大技巧

讓我們來學習本篇的重中之重：「溝通表達邏輯力」的八大技巧，讓你說話和寫作更有邏輯、架構、吸引力。

一、三角技巧

一個太少，五個略多，三個通常剛剛好。

- 不動產買賣的原則：地點！地點！地點！
- 時序：昨天、今天、明天，過去、現在、未來，早上、下午、晚上。
- 成語：事不過三、三人成虎、三顧茅廬。

- 一去不復返的三樣東西：時間、青春、生命。
- 成功的三要件：天時、地利、人和。
- 某高雄市長當選人的競選口號：貨出得去、人進得來、高雄發大財。
- 墜機讓我學到的三件事（TED精彩三分鐘短講）：快去做你一直很想做、但以為明天還可以做的事；改變心態，正面思考，增進人際關係；做個好父母。

■ 舉例說明

主題：如何保有健康樂活人生？

開場：樂活金三角：努力打造三管齊下的人生！

內容：

1. **身體健康（健康管理）**：飲食＋睡眠＋運動。
2. **財務健康（財富管理）**：理財規劃＋風險規劃＋退休規劃。
3. **心理健康（心靈管理）**：正念紓壓＋感恩不抱怨＋活在當下，珍惜一切。

結語：再次強調以上三點，健管＋財管＋心管三者兼具，就能打造三管齊下的樂活人生。

從「三角技巧」衍生出二到八的溝通表達技巧如下：

二、人物技巧

找到三個人或三種人,來論述你的主題。

■ **舉例說明**

主題:教育對人一生的影響為何?哪三個人對我的教誨和啟發終身難忘?

開場:人生不同階段,都有值得學習的好老師。

內容:

1. **家庭教育**:原生家庭中,父母親的影響力至深至遠。
2. **學校教育**:各級教育的良師,有如黑暗中的燈塔,為我們照亮光明。
3. **在職教育**:某個好主管或好同事,教育培訓我們,並值得我們學習效法。

結語:三人行,必有我師焉,珍惜生命中每一階段的好老師,不斷學習,精進成長。

三、時間技巧

依時間可分為三個階段。

■ **舉例說明**

主題:我的職涯規劃

開場:大多數的人,都有他們不同階段的職涯規劃。

內容:

1. **前五年做業務**:銷售經驗,陌生拜訪,職域開拓。

2. **第五到十年升主管**：業績管理，組織增員，激勵夥伴。

3. **滿十年以上當講師**：教育培訓，知識傳承，案例分享。

結語：這三個職位，就是我人生三個不同階段的職涯規劃。

四、地點技巧

按照三個地點或三段行程，來分享不同的際遇或心境。

■ **舉例說明**

主題：棲蘭山越野馬拉松賽的 25 公里路跑甘苦談

開場：為何會去跑這場越野賽？

內容：

1. **前 10 公里的艱辛上坡路**：體力充沛、心情愉悅，沿路照相，欣賞美景。

2. **中間 5 公里神木區的苦撐路**：參天神木的奇景，爬了無數個陡峭階梯，前後無人的孤立。

3. **下山的 10 公里，負傷回程的漫漫折返路**：左大腿抽筋，右腳拇指指甲斷裂，心情起伏不定的堅持到底。

結語：這三段越野路程，就是我的棲蘭山 25 公里越野馬拉松賽。

五、三覺（VAK）技巧

看到、聽到、感覺到。

- **視覺（Ｖ）**：看到許多來自世界各地的朋友，講到高檔好吃的霜淇淋……
- **聽覺（Ａ）**：聽到很多不同的語言和聲音，談到周杰倫的音樂……
- **感覺（Ｋ）**：感覺到熱血澎湃，精神飽滿，想起小時候……

六、因果技巧：

因為……所以……，清楚分析事情之間的關連性。

- **一因三（數）果**

    例：**升學壓力**→睡不好、吃不好、心情不好。

    例：**普悠瑪翻車**→多人傷亡，人心惶惶，官員下臺，交通大亂。

- **三（數）因一果**

    例：適當的語速＋合宜的音調＋適中的聲量→**活潑又迷人的聲音**。

    例：暴雨驟降＋水溝堵塞＋抽水站停電＋人為疏失→**臺北地區連日水災**。

七、雪球技巧：

溝通表達的內容，就像滾雪球一樣，越滾越大，越大越吸睛。

■ 舉例說明

人生在世，不外乎追求快樂或遠離痛苦。

問題點：找痛苦，擴大痛苦，再擴大痛苦。

- **負面思考**→心情不好，抱怨不斷→精神不集中，身體出狀況→人際關係不好，工作效率差→**家庭失和，關係緊張。**

- **業績不好**→收入減少，負債增加→情緒不好，身心失衡→愁眉不展，窮困潦倒→**健康出問題，婚姻有危機。**

- **作息不正常**→容易生病、感冒→心情低落，情緒受影響→工作效率差，積極度不佳→**影響績效表現和收入。**

能做到：給快樂，擴大快樂，再擴大快樂。

- **正面思考**→心情好，快樂有自信→人際關係融洽，做事有效率→收入提升，職位晉階→**家庭經濟狀況佳，給家人更好生活。**

- **業績達成**→收入增加，生活改善→更快樂，更有自信→出國旅遊，幫助家人→**更有影響力，更加受尊敬。**

- **身體健康**→有活力，有朝氣→精神好，情緒佳→工作積極有效率→**創造業績，提高收入。**

八、3W 與 5 W技巧

是誰（Who）？啥事（What）？何時（When）？為何（Why）？何地（Where）？

掌管台積電三十年，張忠謀的經營心法都靠 3W 原則：

- **Who**：要先找出主要負責的人。
- **What**：要清楚做什麼事情。
- **When**：要訂下目標達成的時間。

Q&A　問問自己，聆聽內在小聲音

1. 我是個有邏輯的人嗎？我的溝通或表達富有邏輯性的架構，夠清晰、簡潔、有力嗎？
2. 如果我能善用「邏輯的力量」，對於工作或生活會有幫助嗎？
3. 這一篇哪段話或哪個故事最打動我，讓我有即刻改變的念頭？
4. 從今天起，我要怎麼做，才能在溝通或表達時，有效運用「邏輯的力量」，讓自己更好？我的行動承諾是：＿＿＿＿＿＿＿＿＿

21
文字的力量

從小我就喜歡讀中國古典小說，特別對於名將征戰沙場保家衛國、有大量戰爭情節的小說深感興趣。從第一本書唐朝的《薛仁貴征東》，之後的《薛丁山征西》、《羅通掃北》，讀到宋朝的《五虎平南》和《楊家將》，無一不愛。

🤜 文字的神奇力量

其中《楊家將》是特別讓人揪心的一部小說，故事講述北宋大將楊令公（楊業）一家世代盡忠，抗遼保國的故事。楊令公、楊六郎、楊宗保三代，和楊門女將佘太君、穆桂英、楊八妹等人，個性突出，犧牲小我，盡忠報國，我死則國生，雖千萬人吾往矣的精神，深受讀者喜愛。

書中敘述楊家祖孫三代英勇抵抗外族侵略的故事，從楊業被敵軍包圍、孤立無援，撞李陵碑殉國，到楊門寡婦征西克敵凱旋的經過。然而楊家將一門忠烈，卻上有昏君的多疑無能，下有奸臣的百般陷害，捨身取義、求仁得仁的事蹟，慷慨激昂，令人嘆息，發人深思。

　　在《忠烈楊家將》這部電影中，楊家七個兒子前去救他們的父親楊業，他們的母親佘太君拜訪神機妙算的高人，請教此行前途的吉凶。先生給的預言是：「當知天命難違，七子去，六子回。」佘太君以為七個兒子出征這場戰役，有一個兒子要犧牲，但至少六個兒子能平安歸來，雖然難過，心裡卻較為平靜篤定。然而結果卻出乎意料，七個兒子出征，只有「第」六個兒子楊六郎活著回來（差一個「第」，差很大）。戰爭的殘酷、現實的無情讓人悲痛，而文字的奧妙多變，溝通表達的各自解讀，讓人難以捉摸。

　　我們來看看現代版的巧妙文字力——「臺灣有事，日本有事！」的國際政治雙關語。

　　日本前首相安倍晉三卸任後曾公開說過：「中共對臺灣的武力侵犯，無論在地理上或是空間上，對日本國土都是重大危險，日本無法容許該情況發生，臺灣有事，等於日本有事，也可以說，等於日美同盟有事。」

　　撇開政治立場，乍看之下的文字解讀是：若是臺海發生戰爭危機，日本與美國都會同時出兵，保護臺灣，支持臺灣。然而，研究國際政治的專家學者指出，當初簽訂《美日安保條約》是用來針對美國協防日本的本土安全，只有當日本自衛隊無法維護日本本土安全時，駐日美軍才會協助自衛隊，因此美國的角色可能比較像是「協防、援助」日本，而非與日本一同出兵協防他國。

而且二次大戰結束後，依規定，戰敗國日本行使武力的條件規範相當嚴格，因此安倍所說的「臺灣有事，日本有事」，其實應該是呼籲日本必須關注臺海議題，避免受到波及。果然在 2022 年第四次臺海危機中，對岸中共四枚越過臺灣的飛彈，掉進了日本領海，日本政府馬上嚴正抗議。

這是否就應證臺灣若有事，日本也有事，所謂「唇亡齒寒」的概念？唇亡了，齒肯定寒，但未必能幫得上唇。成語新解，一語雙關，各有立場，有事各表，各自解讀，各自交代，各求心安。文字的神奇，莫過於此。

文字之妙，不言而喻

每年的手機簡訊徵文比賽，有一年的首獎作品是「我已讀了你的已讀」，短短八個字，道盡人間情字這條路的萬般無奈。我傳給你的訊息、貼圖你都已讀不回，我知道你已經決定要離開，不會再回來，只剩下我還在這裡痴痴地等待，曾經的山盟海誓，早已化做煙雲，隨風而逝。

這幾年新冠病毒疫情嚴峻，2020 年有一篇首獎作品便是「人生得疫須禁歡」。作者向詩仙李白的《將進酒》致敬，任何人若是快篩陽性確診，一定要通報防疫機關，並落實隔離政策規定，嚴禁到處趴趴走，絕不可以再去 KTV 唱歌、聚會狂歡打麻將。短短七個字，將疫情現況真實呈現，笑中帶淚的表達，不亦妙哉！首獎獎金新臺幣七萬元，一字萬金，

實至名歸，令人佩服。這，就是文字的力量。

清朝大臣紀曉嵐私下稱乾隆皇帝為「老頭子」，有一天被乾隆皇聽見，大怒斥責：「無禮之徒，為何叫我老頭子？講得有道理，就免你的殺頭之罪。」

紀曉嵐回答：「皇上萬壽無疆，故曰『老』；頂天立地、至高無上，故曰『頭』；天為父，地為母，故曰『子』。」乾隆聽了心情大好，怒火全消。紀曉嵐擅用文字的高超技巧，因而聲名大噪。

乾隆皇帝五十聖壽那一年，很多王公大臣都送上祝壽詞，紀曉嵐別出心裁，為乾隆送上的一副對聯是這樣寫的：「四萬里皇圖，伊古以來，從無一朝一統四萬里。」古今中外從來沒有哪一朝、哪一代有這麼大的版圖，大讚在乾隆統治下，國家疆土沒有邊界。

「五十年聖壽，自前茲往，尚有九千九百五十年。」過了五十年，還有九千九百五十年。上下聯合在一起，「萬壽無疆」四字儼然成形，乾隆龍心大悅，立即給紀曉嵐升官。

這告訴我們，就算要拍馬屁，也要有文筆和創意，善用文字的力量，有助於平步青雲。

相信很多人跟我一樣，從小看中華少棒隊的轉播，在國際賽事常常爭金奪銀，虎虎生風。但不知為何，這些小球員長大後所組成的中華成棒隊，卻往往戰績不佳，提前淘汰出局。

令人不禁感慨，一個是中華少棒隊，一個是中華成棒隊。前者是「誰也贏不了」（沒有一隊可打敗它），後者是「誰也贏不了！」（它贏不了任何一隊）。中華少棒隊，「誰也打不過」（沒有人可以打敗它），中華成棒隊，「誰也打不過」（它打不過任何一隊）。文字之妙，不言而喻！

　　從事教育培訓的事業，身為循循善誘，春風化雨的老師，要隨時警惕自己，究竟是「毀」人不倦？還是「誨」人不倦？一字之差，天壤之別。

　　歷史上許多偉人的金玉良言，都發揮了文字的力量，將其不朽的精神、奮鬥的意志、堅定的信念，永遠流傳後世：

- 現代護理學先驅南丁格爾說：「**我把我的成功歸功於：我從不給或接受任何藉口。**」
- 印度聖雄甘地說：「**力量不是來自體能，而是來自不屈不撓的意志。**」
- 殘疾人士權利倡導者海倫·凱勒說：「**樂觀是通向成就的信念，沒有希望和信心，什麼事都做不成。**」
- 諾貝爾文學獎得主，哲學家泰戈爾說：「**光是站著看水，是過不了海的。**」
- 老子說：「**千里之行，始於足下。**」
- 美國開國元勛班傑明·富蘭克林說：「**不準備，就是準備失敗。**」

　　2012 年，我總算通過了「人身保險經紀人」國家考試，

那是我連續考照的第三年，記得那年的元旦晚上，我寫了張紙條貼在書桌前期勉自己，幫自己加油打氣：「無論如何，我今年一定要考到保險經紀人國家考試證照，沒有更重要的事了！」結果真的通過考試！早知道第一年就這樣寫下來，也許不用多考兩年，原來文字是有力量的，哈！

同樣的，為了完成本書進度，準時交稿，確保最遲 2023 年 1 月可以順利出書，我在 2022 年元宵節就寫下：「2022 年 7 月 31 日前，這本書 10 萬字初稿，日以繼夜，夙夜匪懈，盡我所能，勢必達成！」雖然最後 8 月底才交稿，但有寫「自我激勵的紙條」總比沒寫好，文字還是有力量的，不信你試試！

> ### 🅠🅐 問問自己，聆聽內在小聲音
>
> 1. 我覺得文字是有力量的嗎？
> 2. 如果我的文字力更精鍊到位，溝通會不會更容易或更有說服力？表達會不會更有吸引力？
> 3. 這一篇哪段話或哪個故事最打動我，讓我有即刻改變的念頭？
> 4. 從今天起，我要怎麼做，才能在溝通或表達時，有效運用「文字的力量」，讓自己更好？我的行動承諾是：＿＿＿＿＿＿＿＿

22
詩詞的力量

2022 年開打的烏俄戰爭，造成烏克蘭人民傷亡慘重，流離失所，骨肉分離，家園殘破，舉世的悲痛與震驚非筆墨能形容。不禁想到我五歲時，生平背的第一首唐詩：

■ 詩聖杜甫《春望》

國破山河在，城春草木深。

感時花濺淚，恨別鳥驚心。

峰火連三月，家書抵萬金。

白頭搔更短，渾欲不勝簪。

譯文：城池淪陷，國家破碎，只有舊日的山河依舊存在。春天的城市裡人煙稀少，滿是淒涼，四處草木叢生。面對繁花，感傷國事，不禁涕淚四濺。親人離散，鳥鳴驚心，徒增離愁別恨。連綿的戰火已經延續了許多個月，家書難得珍貴，一封抵得上萬兩黃金。愁白的頭髮，越搔越稀少，連髮簪都插不上去了。

戰爭的可怕殘酷，絕不是三言兩語可輕易道盡的，所有

執政者都要戒之！慎之！

■ 曹植《七步詩》

煮豆燃豆萁，豆在釜中泣。

本是同根生，相煎何太急？

譯文：豆萁在鍋底下燃燒，豆子則在鍋裡面哭泣。豆子說：「我們本來是在同一條根上生長出來的，你為何要如此急迫地煎熬我呢？」

三國時代，才高八斗的曹植，就用這首千古名詩《七步詩》，跟想殺他、欲除之而後快的大哥——魏文帝曹丕在朝堂上當面溝通，表達兄弟何苦相殘的心境和悲哀，最終讓曹丕感動且驚醒，打消手足相殘的念頭。這，就是詩詞的力量！

❀ 不學詩，無以言

■ 《論語·季氏》

嘗獨立，鯉趨而過庭。

曰：「學詩乎？」對曰：「未也。」

「不學詩，無以言。」鯉退而學詩。

譯文：有一天，孔子自己一個人站在庭院中，兒子孔鯉恭敬地經過。孔子問他：「學詩經了沒有？」孔鯉回說：「還沒學。」孔子說：「不學詩經，就不會說話。」孔鯉便退回書房學詩經。

學詩，可以培養想像力、增進觀察力、提高創新力，興起人們的高尚情操與意志，了解天地萬物和社會萬象，學習諷刺或提醒的技巧，學會反思，學習孝順父母、報效國家的方法，並多認識鳥獸草木。

　　中國古代的詩範圍廣泛，無所不包，多讀、多背、多研究，知識自然淵博。因此，孔子將《詩經》作為弟子的啟蒙教材。而本書要解析分享的，主要是唐詩和宋詞。

　　賞析古典詩詞，可以讓我們聆聽先聖先賢的心聲，感受如畫的意境。詩詞的價值與功能，可以用來形容眼前景色，陳述目前局勢或針砭時事，描繪當時的心境感受，表達自己的看法、理念、情操和價值觀，增進文學素養並提高寫作能力。教育孩子擴展視野，傳承正確的觀念和價值。更可以在與他人溝通或談判時，傳遞內心的觀念想法，含蓄隱喻地指正提醒對方，或彰顯自己的層次水平。

　　所以孔子說，不學詩，一個人就不會說話，沒有資格說話，或是說話沒有內涵與層次。詩詞帶給我們的是：生活趣味、寬闊眼界、溝通能力、表達技巧、人生方向和堅定力量。

　　接下來，我精選了自己非常喜愛而且頗有同感的傳世經典詩詞與您分享。你可以用看的、用唸的（順便練習一下口條）、用唱的、用想像的，或是用毛筆書法把它寫下來，別是一番滋味。讓我們一起學習古聖先賢的溝通和表達，美感及智慧，視野與胸懷，理念和氣節。

✊ 人生有如夢一場

■ 摘錄自詩仙李白《古朗月行》

小時不識月，呼作白玉盤。

又疑瑤臺鏡，飛在青雲端。

譯文：小時候我不認識天上的明月，就把它稱為「白玉圓盤」，有時候又懷疑它是天上的瑤臺仙鏡，飛在夜空青雲的上緣。

■ 孟郊《遊子吟》

慈母手中線，遊子身上衣。

臨行密密縫，意恐遲遲歸。

誰言寸草心，報得三春暉。

譯文：慈祥的母親用手中的針線，為將要遠行的孩子趕製身上的衣衫。出門前，一針一針緊密地織縫，就怕孩子出門後遲遲無法回家。誰說子女們如小草般的小小心意，足以報答那如同春日陽光般的母愛呢？

■ 杜秋娘《金縷衣》

勸君莫惜金縷衣，勸君惜取少年時。

花開堪折直須折，莫待無花空折枝。

譯文：我勸你不要顧惜華貴的金縷衣，我勸你一定要珍惜青

春少年時。正如花盛開時，就該及時摘採，不要等到花謝時，只能折空枝。

■ 賀知章《回鄉偶書》

少小離家老大回，鄉音無改鬢毛衰。

兒童相見不相識，笑問客從何處來。

離別家鄉歲月多，近來人事半消磨。

唯有門前鏡湖水，春風不改舊時波。

譯文：我在年少時離開家鄉，到了遲暮年老時才回來。我的鄉音雖然沒有改變，但是鬢角的毛髮卻早已疏落斑白。家鄉的兒童們看見我都不認識，便笑著問我：「請問客人您從哪裡來呀？」

我離開家鄉的時間已經很長了，回家後才感覺到家鄉的人事變遷實在是太大了。只有家門前那鏡湖的碧水，跟多年前一樣，在春風吹拂下，泛起一圈一圈的漣漪。

以上四首詩，分別描述兒時遊樂光景、長大出外打拚、把握青春時光、退休告老還鄉的四個場景。有沒有覺得光陰似箭，人生如夢，一眨眼就過？

✊ 好好珍惜每一天

■ 孟浩然《春曉》

春眠不覺曉，處處聞啼鳥。

夜來風雨聲，花落知多少。

譯文：在春天裡慵懶貪睡，不知不覺天色已破曉，四周到處都可以聽見婉轉的鳥啼聲。昨天夜裡風雨聲不斷，不知道又有多少花朵因此而凋零散落了呢？

■ **李白《早發白帝城》**

　　朝辭白帝彩雲間，千里江陵一日還。

　　兩岸猿聲啼不住，輕舟已過萬重山。

譯文：清晨，我告別了高入雲霄的白帝城，回到千里之外的江陵，船行只須一日的時間。兩岸猿猴的啼聲不斷，不知不覺中，輕快的小船已駛過連綿不絕的萬重山巒。

■ **王維《渭城曲》**

　　渭城朝雨浥輕塵，客舍青青柳色新。

　　勸君更盡一杯酒，西出陽關無故人。

譯文：渭城早晨的一場春雨沾溼了輕塵，旅舍周圍青青的楊柳樹看起來格外清新；我的老友，請你再乾了這一杯餞別酒吧，出了陽關往西走，就再也沒有老朋友把酒言歡了。

■ **李紳《憫農》**

　　鋤禾日當午，汗滴禾下土。

　　誰知盤中飧，粒粒皆辛苦？

譯文：日正當中，農夫用鋤頭為稻禾鬆土，每一滴汗水都落在禾苗下的泥土。有誰知道碗盤中的米飯，每一粒都來自於農民的辛勤勞苦。

■ 王之渙《登鸛雀樓》

　　白日依山盡，黃河入海流。

　　欲窮千里目，更上一層樓。

譯文：夕陽依傍著西山慢慢地沉沒，滔滔黃河朝向東海洶湧奔流。想要看到千里之外的風景，就得登上更高的一層城樓。

■ 李商隱《登樂遊原》

　　向晚意不適，驅車登古原。

　　夕陽無限好，只是近黃昏。

譯文：傍晚時，我的心情十分鬱悶，於是駕車來到長安城東南方的樂遊原。只見夕陽放射出迷人的餘暉，然而這黃昏美景轉瞬即逝，不久就會被夜幕籠罩。

■ 李白《靜夜思》

　　床前明月光，疑是地上霜。

　　舉頭望明月，低頭思故鄉。

譯文：明亮的月光照在床前地上，我還以為是一層層白色的

霜。抬頭仰望皎潔的月亮，不禁低頭思念起遙遠的故鄉。

以上七首詩，從清晨描述到黑夜，一天跟人的一生一樣，感覺一下就過去了，所以要珍惜當下，努力開創屬於你的樂活人生。

詩意盎然，佳節愉快

■ 杜牧《清明》

清明時節雨紛紛，路上行人欲斷魂。

借問酒家何處有，牧童遙指杏花村。

譯文：清明時節，細雨一直紛紛灑落，過路行人個個心情壞透。碰上放牛的牧童，問他哪裡有酒店可以借酒消愁？牧童笑而不答，遙指遠方的杏花村。

■ 杜牧《秋夕》

銀燭秋光冷畫屏，輕羅小扇撲流螢。

天階夜色涼如水，臥看牽牛織女星。

譯文：秋夜裡，銀色的蠟燭發出微弱的光，為畫屏上增添了幾分清冷之色；手裡拿著用絲織品製成的扇子，輕輕地撲打飛舞的螢火蟲。石階上的夜色，清涼如水；坐臥著仰望星空，凝視眺望遠方的牛郎織女星。

■ 蘇軾《水調歌頭》

明月幾時有？把酒問青天。

不知天上宮闕，今夕是何年。

我欲乘風歸去，惟恐瓊樓玉宇，高處不勝寒。

起舞弄清影，何似在人間？

轉朱閣，低綺戶，照無眠。

不應有恨，何事長向別時圓？

人有悲歡離合，月有陰晴圓缺，此事古難全。

但願人長久，千里共嬋娟。

譯文：明月從什麼時候才開始出現的？我端起酒杯遙問蒼天。不知道在天上的宮殿，今晚是哪一年？我想要乘駕清風回到天上，又害怕在美玉砌成的樓宇，受不住高聳九天的寒冷。

翩翩起舞玩賞著月下的清影，歸返月宮怎能比得上在人間的樂趣。月兒轉過朱紅色的樓閣，低低地掛在雕花的窗戶上，照著沒有睡意的自己。

明月應該不會對人們有什麼怨恨吧？為什麼偏要在人們離別的時候才月圓呢？人有悲歡離合的變遷，月有陰晴圓缺的轉變，這種事自古以來都難以周全。只希望所有人都能平安健康，活得長久，縱使相隔千里，也能共享這美好的中秋月光。

以上三首詩詞都是描述重要的節日，從清明節到七夕情

人節，最後是中秋節，不禁讓人又想起唐代詩人王維所寫的《九月九日憶山東兄弟》：

獨在異鄉為異客，每逢佳節倍思親。

遙知兄弟登高處，遍插茱萸少一人。

譯文：獨自在外地讀書工作或生活的人，每當逢年過節的時候，都會特別思念遠方的親人。遙想兄弟們在今日（重陽節）登高望遠時，按照習俗頭上要插茱萸，可惜今年少了我一人無法回來團聚啊！

■ 摘錄自李白《將進酒》

君不見，黃河之水天上來，奔流到海不復回。

君不見，高堂明鏡悲白髮，朝如青絲暮成雪。

人生得意須盡歡，莫使金樽空對月。

天生我材必有用，千金散盡還復來。

譯文：你有沒有看見黃河之水從天上奔騰而來，波濤洶湧直奔東海，再也沒有回來。你有沒有看見年邁的父母，對著鏡子悲嘆自己滿頭白髮。就好像早上才滿頭黑髮，轉眼晚上就變成雪白一片。

人生得意之時，就應當盡情歡樂，不要讓這金盃無酒，空對明月；每個人的出生都一定有自己的價值和意義，黃金千兩就算一揮而盡，也還是能夠再得回來。

■ 蘇軾《定風波》

　　莫聽穿林打葉聲，何妨吟嘯且徐行。

　　竹杖芒鞋輕勝馬，誰怕？一簑煙雨任平生。

　　料峭春風吹酒醒，微冷，山頭斜照卻相迎。

　　回首向來蕭瑟處，歸去，也無風雨也無晴。

譯文：不要管那穿過濃密樹林敲打樹葉的雨聲，何不一面唱歌，一面慢慢地散步呢？一根竹杖、一雙草鞋，比騎著馬還輕快。大雨又有什麼好怕的？穿起簑衣，在煙雨茫茫裡，照樣可以像平日一樣地來去自如，度過我的一生。

春風微涼，將我的酒意吹醒，稍感寒意，遠處山頭的斜陽卻在此時相迎。回頭望一眼過來時遇到風雨的地方，回家吧！對我而言，既無所謂風雨，也無所謂天晴。

　　以上兩首詩詞，是唐代詩仙李白和宋代大詩人蘇軾的大作，他們寫的不只是詩詞，更是人生。你看懂嗎？看得懂是「歷練的智慧」，看不懂是「年輕的歲月」。

以詩明志，不計生死；捍衛正義，留芳百世

■ 明代忠臣于謙《石灰吟》

　　千錘萬鑿出深山，烈火焚燒若等閒。

　　粉身碎骨全不怕，要留清白在人間。

譯文：巨石只有經過多次撞擊，才能從山上開採出來；它把

烈火焚燒這件事看得非常稀鬆平常，不以為意。即使粉身碎骨也毫不懼怕，甘願把一身清白留在人世間。

　　一位大法官在講述其公職生涯時，曾以此詩明志，學法律，當法官，要有專業更要有操守及道德良知，捍衛正義與公理，雖千萬人吾往矣！令人敬佩。

■ 摘錄自宋代忠臣文天祥《正氣歌》

　　天地有正氣，雜然賦流形。
　　下則為河嶽，上則為日星。
　　於人曰浩然，沛乎塞蒼冥。
　　皇路當清夷，含和吐明庭。
　　時窮節乃見，一一垂丹青。

譯文： 天地之間有一股堂堂正氣，它賦予萬物力量，而變化為各種形體。在下面就表現為山川河嶽，在上面就表現為日月辰星。在人間被稱為浩然之氣，它充滿在天地和寰宇。國運清明太平的時候，它呈現為祥和的氣氛和開明的朝廷。時運艱危的時刻，義士就會出現，他們的光輝形象一一被記錄在史冊，留芳百世。

■ 摘錄自宋代忠臣文天祥《正氣歌》

　　哲人日已遠，典型在夙昔。
　　風簷展書讀，古道照顏色。

譯文：先聖先賢們一個個已離我而遠去，但他們的榜樣早已銘記在我心裡。屋檐下我沐著清風展開書來閱讀，古人正道的光輝將照耀著我，繼續堅定地走下去。

以上這兩首詩詞，表達出作者的高風亮節、堅毅信念，影響後世的有志之士，前仆後繼，為國為民，犧牲奉獻，正氣凜然的價值觀。面對大是大非的重要關頭，為何能勇敢無畏，不計生死？因為文天祥說：「人生自古誰無死？留取丹心照汗青。」

無論讀好書、做好人、成大事，有效溝通或精準表達，詩詞的力量，不同凡響。

Q A 問問自己，聆聽內在小聲音

1. 我喜歡讀唐詩宋詞，學習古人的智慧結晶，笑看人生嗎？
2. 如果我善用詩詞的魅力，溝通會不會更有效？表達會不會更具吸引力？
3. 這一篇的哪段話或哪首詩詞最打動我，讓我有即刻改變的念頭？
4. 從今天起，我要怎麼做，才能在溝通或表達時，有效運用「詩詞的力量」，讓自己更好？我的行動承諾是：＿＿＿＿＿＿＿＿

23
語言的力量

　　小時候很喜歡看《隋唐演義》，書中有兩位個性突出鮮明、武藝超群的英雄好漢，一位是忠肝義膽、手執一對「黃金雙鐧」打遍天下無敵手的秦叔寶（秦瓊），另一位是使用一支「五鉤神飛槍」大破隋朝戰陣、萬夫莫敵的羅成。他們兩位是親表兄弟，都效忠於後來登基的唐太宗李世民。

　　秦瓊之絕招為「殺手鐧」，與羅成的「回馬槍」並名於世，有一天他們在切磋武藝時，羅成心血來潮地跟表哥秦瓊提議：「我們不妨將自身的功夫教予對方，互換絕招，在戰場上殺敵，更能百戰百勝，無往不利。」秦瓊表示認同，於是表兄弟倆跪在香檀前發誓，一定要毫無保留地傳授對方武藝。秦叔寶向天發誓：「若留一手，將來吐血而亡。」

　　羅成對自己更狠，大喊：「若我未將絕招全數傳給表哥，將來萬箭穿心，不得好死！」

　　但兩人不約而同想到：「對方已經很強了，我應該要留一手才對得起自己。」於是，雙方暗自把絕招「殺手鐧」和

「回馬槍」留著，未分享出去，結果兩人都應了自己的誓言。

羅成在一次戰役中誤踏敵軍陷阱、動彈不得，不幸遭萬箭穿心，英年早逝。秦叔寶則在晚年仍為朝廷征戰沙場，某日因戰事緊張，氣急攻心，吐血而亡。

這故事帶給我們三個啟示：

1. 沒事不要隨便發誓。

2. 就算發誓，也不要太毒、太狠、太鐵齒，舉頭三尺有神明。說話也一樣，不要把話說得太滿、太死、太絕，給彼此留個餘地比較好。

3. 無論文字或說話，要相信「語言」是有力量的。

✊ 擦邊球的智慧語言

我們來學一下「擦邊球的智慧語言」。沒有答案，不是 Yes 也不是 No，不直接回應、顧左右而言他，類似一個軟釘子，有時讓對方只能笑笑地接受，沒有答案也是一種答案。

不只政治人物擅長使用，一般人若能學會，不僅可避免冷場不回應的尷尬，也可保持風度、提升修養、展現幽默，讓對方知難而退，並維繫雙方關係。

例如：

• 記者：「請問總統打算怎麼做？」
   總統：「政府聽到了！」

• 記者：「請問副總統下一屆要選總統，更上一層樓

嗎？」

副總統：「何止更上一層樓，我就住在 12 樓。」

- 工商協進會理事長：「希望政府能調降企業的營業所得稅。」

  總統：「我會硬著頭皮跟財政部長說。」

- 記者：「請問總裁，政府若是調漲電價，企業就要出走是嗎？」

  總裁：「臺灣是個島，一出走就掉到海裡了。」

- 記者：「請問台積電會不會出走？」

  董事長：「我們的願望也是留在臺灣。」

- 記者：「聽說公司要賣掉，退出臺灣市場？」

  外商總經理：「沒聽說，我真的不知道，你們知道的都比我多。」

- 記者：「請問總統，今年夏天是裴洛西議長出訪臺灣的好時機嗎？」

  美國拜登總統：「嗯！我認為軍方認為此時訪問並非好主意，但我還不清楚，關於此事目前的具體狀況。」

- 記者：「請問總統，裴洛西議長出訪臺灣是明智的嗎？」

  拜登總統：「那是她的決定。」

- 記者：「請問總統要跟中國國家主席習近平在關稅

議題上談什麼？」

拜登總統：「我會祝福他有美好的一天。」

- 記者：「請問您相信某某人並沒有抄襲論文嗎？」

  長官：「許多人都認為，某某人所提出的證據都沒有被採納；我們也看到，有許多人只要是完整看過兩本論文，而且完整了解事情來龍去脈的人，都願意選擇相信某某人沒有抄襲。」

語言是由一組彼此有關聯的聲音或符號，依循一定規則而組成溝通和表達的媒介，是生活中人際交往的工具，不僅能用來傳達意見、表現情感，而且能做為適應環境與解決問題時幫助思考的工具。語言之所以能成為溝通工具，部分原因在於聲音或符號具有意義，而其意義是約定俗成的結果。

好言一句三冬暖

人類的語言是非常獨特的，沒有上限且富有創造性，允許人類從有限元素中產生大量話語，並創造新的詞語和句子。語言當中有限數量的元素本身並沒有意義（例如聲音、文字和手勢），但意義的組合（包括詞語和句子）是無限量的。有限的元素和無限的意義相結合，即可產生人類毫無限制、無邊無際的語言力量。

如何展現語言的力量？可以用寫的讓對方看到，用說的讓對方聽到，用心溝通表達讓對方感覺到。簡單地說，光是

上臺表達時的稱謂：你、我、我們、各位、你們就有不同的感覺和反應，「我們」和「各位」要比「你們」親切許多。

無論生育小孩或教養小孩，語言都可以展現巨大的力量。譬如想生小孩的女生，跟覺得生育教養小孩壓力太大而不想生小孩的男生，兩人的婚前溝通表達如下：

女生說：「不生小孩，結婚沒意義！」

男生說：「什麼叫做沒意義？你這麼說，就是否定了我們的愛情和婚姻，也傷了我的心！」

我們來看，換句話說會不會更好？

女生說：「不生小孩，人生很遺憾！」

男生說：「結婚，就是為了追求更幸福美滿的人生，我不希望你的人生有遺憾！」

各位讀者，你看，是不是差很大呢？

其實，生小孩比教養小孩簡單很多，父母在管教小孩時，常常口沒遮攔、口不擇言。

「我真後悔生了你，早知道就不要生你！」

「養你這麼辛苦，還這麼不乖，養條狗都比你好！」

「你怎麼這麼笨，連這麼簡單的東西都不會，我怎麼會生出這麼笨的小孩！」

「學才藝（讀這個科系）有什麼用，能賺多少錢？等著餓死吧你！」

「你真是個壞孩子，看我怎麼修理你！」

父母和孩子的溝通表達對話調整一下，他聽得進去，你少生點氣，還可以順便培養親子關係：

- 把「不行！」改為「你覺得呢？」
- 把「我要處罰你」改為「你覺得要怎麼處罰你比較好？你自己說。」
- 把「不准哭！」改為「等你哭完再說！」
- 把「煩死了，不要吵！」改為「你要控制一下喔！」
- 把「怕什麼！」改為「怕很正常，換做是我也會怕。但記得有爸爸在，爸爸支持你！」
- 把「這有什麼難？」改為「很少有人一次就學會，但你要相信自己，繼續努力就對了！」
- 把「你有沒有聽到？」改為「我相信你一定有聽到，對嗎？」
- 把「輸了別生氣，不要哭！」改為「我了解你現在的感覺，記住，勝不驕，敗不餒。」
- 把「你能不能乖一點？」改為「我相信你一定可以變得更好！」
- 把「你知道自己錯了嗎？」改為「你知不知道自己錯在哪裡？要怎麼更正、做好？」

「好言一句三冬暖，惡語傷人六月寒。」這就是語言的力量！

Q&A　問問自己，聆聽內在小聲音

1. 我覺得語言是有力量的嗎？

2. 如果我能更善用語言，溝通會不會更容易？表達會不會更有吸引力？

3. 這一篇哪段話或哪個故事最打動我，讓我有即刻改變的念頭？

4. 從今天起，我要怎麼做，才能在溝通或表達時，有效運用「語言的力量」，讓自己更好？我的行動承諾是：＿＿＿＿＿＿＿＿＿＿

非語言的力量

　　很多網球選手用「大聲吼叫」跟自己溝通（提振精神與士氣），也跟對手溝通（用叫聲震嚇對手），吼聲有時也是一種策略，防止對手聽見自己擊球的聲音。根據研究，吼叫的確能帶給網球選手明確的優勢，讓發球和擊球的速度加快，但這種非語言的溝通表達，有時候也會為彼此帶來困擾。

✊ 球場上的非語言

　　2022 年的溫布頓網球賽男子單打對戰，西班牙球王「蠻牛」納達爾（Rafael Nadal）雖然直落三擊敗義大利對手索內戈（Lorenzo Sonego），不過他賽後卻和對手在網前發生口角。原來是索內戈的叫聲太誇張，已經輪到對手擊球了還在叫，打亂了納達爾比賽的節奏，讓他很不開心。只見納達爾用手拉住索內戈「溝通」，然後兩人情緒突然都激動了起來。

　　索內戈賽後表示：「一名球員不能在網前直接向對手喊話，你不能在溫網這麼做。納達爾有話應該向裁判去說，他分散了我的注意力。」賽後記者會上，納達爾則承認自己錯

了：「嗯！首先我不得不承認我錯了，我不該把他叫到網前來，我為此道歉。」

我喜歡打籃球，也喜歡看職業籃球賽，無論美國NBA賽事、臺灣職籃或是亞州盃籃球賽都很好看。NBA比較激烈，球員六次犯規就會被判出場，只能坐板凳席當觀眾，其它比賽則是五犯離場。

球員有時被裁判吹哨判犯規，不只是因為打球過程中的動作違規，有時是因為出言不遜，或是一直要跟裁判理論爭執，表達不滿的想法或情緒；有時即便球員沒說話，但是口中唸唸有詞，或是用力把球砸向地面，任意揮手，甚至比中指，結果不是被判技術犯規，就是直接被裁判趕出場。非語言的表達，一樣有力量！

2022年U12世界盃少棒賽在臺南舉辦，掀起一陣棒球熱，我們都是看少棒賽長大的，陪兒子看球，順便教他棒球場上的遊戲規則。

其中，場上選手們與場邊教練團之間非語言的溝通和表達，特別有意思。捕手看教練給的手勢暗號（摸鼻子、摸耳朵、摸下巴，手觸碰胸部、腹部、手部……），轉而指示投手要做的動作，下一球要投速球、變化球、用壞球引誘對方出棒，或直球對決。

當投手不小心投了觸身球，小選手很有禮貌地脫帽向對手致意，表達「我不是故意的，不好意思，請見諒！」加上

誠懇的表情，真情流露，很自然能獲得對方的諒解。

當有球員受傷，仍堅持待在場上奮戰不懈的場景，往往讓現場及電視機前的觀眾為之動容，現場觀眾能做的，就是自發性的掌聲不斷，甚至起立舉起大姆哥表示喝采、支持與敬意。各國語言不同的障礙，透過選手的臉部表情、肢體動作，跨國界一樣能充分清楚地溝通表達，這就是非語言的力量。

非語言的溝通表達

非語言的溝通表達，包括了**臉部表情**（噘嘴、擠眉弄眼、皺眉頭、揚眉毛、眨眼睛、瞇眼睛、閉眼睛、瞳孔放大、鼻孔放大、眼神游移）、**手勢**（運動場上喊暫停，判罰出局或出場的手勢各不同，拳頭可以示威、嗆聲、比狠；握拳也可以表達支持、加油、讚許，姆指和食指扣成一個圓，表示 OK ！五指併攏和五指分開各有解釋）、**姿勢**（雙臂外擴代表有自信，內縮則相反）、**肢體動作**（搖頭晃腦、點頭聳肩、遮住眼睛、阻擋視線、呼吸急促或深呼吸、觸摸脖子或鼻子）、**肢體距離**、**肢體碰觸**等。

有時，非語言的溝通表達比言語的說法更加真實，更有可信度，因為那是一種潛意識的行為表現。若是心口不一，語言和非語言則會產生不一致性，例如嘴巴說左邊，但眼睛看右邊，或是手指向右邊。

　　過去的行為是未來行為的最佳預測因子，找出異於普遍性的特殊行為（異常的行為舉止必有蹊蹺），問問自己，溝通表達時是否能看出對方自在的神情（滿足、快樂和放鬆），或是不安的心境（憂心、焦慮、緊張、恐懼、不滿、不悅、擔心和壓力）？能輕易輕鬆地看出來，你就是被現在工作耽誤的 FBI（美國聯邦調查局）專家。

　　上臺表達時，要如何展現你的非語言力量？最後再送你六個神奇小技巧：

1. **上臺標準的非語言表達**：心情穩定，充滿自信；經常微笑，輕鬆神情；身體放鬆，避免僵硬；環顧觀眾，一個都別錯過。

2. **手不知該放哪時，可以抓住東西，穩住心情**：一手拿穩麥克風，一手抓緊投影筆，或是兩手都抓穩麥克風也行。要是沒有麥克風，雙手可以緊扣或自然下垂，但就是千萬別把手整個插入口袋，除非你是蘋果電腦創辦人賈伯斯，或是台積電董事長張忠謀。

3. **眼睛不知要看哪時，Z 型掃射，找安全點**：用目光不定點掃射全場，眼神自然，表情親切，找到看著你又露出微笑的觀眾，這樣的人越多，講者越有安全感。前提是你要先對他們露出親切又自然的微笑，才能換得善意的回饋喔！

4. **不知該怎麼站時，雙腳站直，努力保持穩定**：千萬

別站成讓聽眾感覺輕浮、不受尊重的三七步；若真緊張到雙腿不時晃動發抖，此時若有一張講桌，就會是你遮掩恐懼最好的幫手。不時三點（角）移動，定點站穩，視場地大小，決定移動的距離和頻率。

5. **臉部缺乏表情時，保持穩定呼吸：**上臺前扭曲五官做個鬼臉，嘴巴張大、閉上，像做開合跳一樣，做個八到十次，讓臉部肌肉熱身運動；努力自然微笑，即使是勉強裝出來的，效果一樣好。

6. **想要增強互動，舉手帶領，掌聲引導：**問問題同時舉手做引導，讓聽眾自然而然跟著你一起舉手。或是自己先鼓掌，鼓勵大家一起來。

Ｑ Ａ 問問自己，聆聽內在小聲音

1. 我是個善用非語言力量的人嗎？
2. 如果我能善用非語言的力量，對於溝通或表達會有幫助嗎？
3. 這一篇哪段話或哪個故事最打動我，讓我有即刻改變的念頭？
4. 從今天起，我要怎麼做，才能在溝通或表達時，有效運用「非語言的力量」，讓自己更好？我的行動承諾是：＿＿＿＿＿＿＿＿＿＿＿

25
聲音的力量

　　1993 年奧斯卡頒獎典禮的電視直播,有一首得獎電影主題曲的音樂不時播放,也就是說,這部電影是當年奧斯卡獎的大贏家,持續上臺領獎。外面雖然陽光普照,但一聽到這音樂的旋律,卻讓人不禁若有所失,彷彿陷入悲傷無助,絕望無盡的深淵。

　　是哪一部電影的配樂,動人的音樂竟哀傷得如此扣人心弦?原來是國際大導演史蒂芬·史匹柏(Steven Spielberg)為紀念二次大戰猶太人遭德國納粹大屠殺的一部經典名片,它講述一個德國商人奧斯卡·辛德勒(Oskar Schindler)拯救他工廠裡超過 1100 名猶太人的故事,這就是當年奧斯卡年度最佳影片《辛德勒的名單》(Schindler's List)。

❀ 音樂的力量超越文字

　　為該片配樂的大師約翰·威廉士(John Williams),他因本片配樂,第五次獲得了奧斯卡最佳配樂獎,並由全球知名的以色列裔美國小提琴家帕爾曼(Itzhak Perlman)演繹。有

205

時，音樂的力量超越文字，音符旋律無須多做解釋，聽眾也能明白它所要溝通或表達的一切美好、喜悅、能量和希望，或是憂傷、悲哀、無助、苦痛和絕望。

《王者之聲：宣戰時刻》（The King's Speech）是 2010 年發行的英國歷史劇情片，本片講述的是：英國女王伊麗莎白二世的父親——喬治六世國王治療口吃的故事，根據真實故事改編而成。

因本片而獲得奧斯卡影帝的柯林‧佛斯（Colin Firth）飾演約克公爵喬治（也就是後來的英王喬治六世），患有嚴重口吃，影片講述他在言語治療師萊諾‧羅格的幫助下，克服內心的恐懼與無助、練習上臺演說能力的故事。

萊諾‧羅格要求喬治六世心情放輕鬆，忘掉童年不愉快的往事，訓練他嘴巴肌肉的力量及呼吸方式，要他練習深呼吸，慢慢講並適時停頓，在演講前小幅度地擺動身體，適時搖頭晃腦、抖動肩膀、開合嘴巴，讓身體（下巴、肩膀和脖子肌肉）放鬆，都是為了緩和上臺緊張的心情，並要求他每天練習繞口令，訓練自己的口條和語速。

最重要的是，萊諾‧羅格不斷地鼓勵支持他：「你可以做到的！你是我見過最勇敢的人！你不能被內心的恐懼所影響！什麼都不要想，開口說就是了！」

本片在第 83 屆奧斯卡金像獎入圍了十二個項目，最後拿下了最佳影片、導演、原著劇本、男主角等四項大獎。電影

的最後，喬治六世在二次大戰爆發後第二天，向英國人宣布對納粹德國宣戰的一次著名戰時演說，發表順利，聲調鏗鏘有力，鼓舞了全國軍民。透過廣播的溝通表達，展現無與倫比的王者之聲。

✊ 七個聲音表達技巧

美國著名的老羅斯福總統（Theodore Roosevelt）在國際外交政治的運作，有一句名言：「**溫言在口，大棒在手，故而致遠。**」意思是說話輕聲細語，手上有足夠的軍力，你就可以在國際政治的舞臺上走得更遠。

上臺表達時，拿著麥克風（大棒在手），若是你能說得字正腔圓，有抑揚頓挫，讓人聽得舒服、感覺親切，自然可以站得更久、講得更多，受到聽眾的歡迎，輕聲細語而不是大聲嚷嚷，這就是聲音的力量。

我不是配音員，也不是美聲專家、聲音達人，但我相信只要我們能注意以下七個聲音表達技巧的學習重點，並勤於練習，在溝通表達上，人人都能運用「聲音的力量」。

1. **調整呼吸**：先吸氣，讓肚子鼓起，在吐氣時（肚臍內縮）說話，氣運丹田，讓聲音低沉穩重，較有說服力。

2. **音區及音域**：是指人聲所能達到的最低音至最高音的範圍。聲帶較短的人天生音域要高一些，反之則低一些。先天優勢是很明顯的，但後天也可以練習，主要是早起練聲

或哼鳴。說話時應該使用較為適中的音域，不高也不低，最能讓人接受，除非要刻意營造出戲劇感。

我們可以調整發聲的位置，用鼻腔、喉嚨、胸腔或腹腔發聲的效果和感受都不相同，大多數人是用喉嚨發聲，若改用胸腔發聲，可增加聲音的厚實感，讓聽者感受到權威、專業和力量。這樣的候選人，通常較受選民青睞。

3. **音色**：是指聲音的特色，不同音色的聲音，即使在同一音高和同一響度的情況下，也能讓人分辨差異性。不同的人有不同的嗓音，帶給對方不同的感覺。通常豐富、圓潤、流暢、溫暖、平順、溫和的聲音較為悅耳，吸引人的注意，並能建立親和感。透過調整呼吸、改變姿勢和發聲，保養喉嚨和不斷練習，都可以讓音色更符合你的期望。

4. **語氣及聲調**：這是一種附著於音節的高低抑揚頓挫，使語意層次分明，讓對方更明瞭你說話的涵義，。

5. **語速**：是指一個人在一分鐘內所說出話的音節數量，也可以理解為說話的快慢。語速會根據說話人遇到的上下文語境和情感、說話人所使用的不同語言而有所不同。根據研究資料指出，一般中文正常口語的語速約為每分鐘 160 字至 200 字，演講或唸稿會快一些，語速可達每分鐘 240 字左右，相聲表演、體育解說的最高語速可達 360 字。語速會隨著說話者的個性、個人風格和談論的主題而有變化，無論快或慢，都可以表達出不同的語意。

6. **音量**：聲音高低或大小，視不同場合、人數多寡、場地大小、溝通情境和表達目的而有所不同。

7. **模仿**：語速太慢的人，可以向「26 秒狂飆 218 字」的金鐘影帝李立群致敬。

　　1986 年，李立群拍了一支 Konica 軟片「它抓得住我」的廣告，透過一氣呵成連珠砲臺詞所演繹的 Konica 軟片「貫口篇」電視廣告，成為臺灣廣告界的經典作品。

　　而在 2014 年的第 49 屆金鐘獎頒獎典禮上，久違的李立群神來一筆，現場重現這段經典的廣告臺詞，令人不禁拍案叫絕。只有李立群可以超越李立群，但一般人可以模仿他，向他致敬，讓自己的表達更吸睛。

　　「我說人為什麼要拍照？

　　人活的好好的，為什麼要拍照？

　　喔……到底是為了要回味兒！

　　回什麼味兒？回自己的味兒，

　　回自己和大家生活的味兒，

　　回經歷和體驗的味兒，回感受深刻的味兒；

　　回悲歡離合喜怒哀樂的味兒！

　　什麼樣的照片才叫好呢？

　　拍得漂亮、拍得瀟灑、拍得清楚、拍得得意、拍得精彩、拍得出色，

　　拍得深情、拍得智慧、拍得天真浪漫、返樸歸真，

拍得喜事連連、無怨無悔、拍得恍然大悟、破鏡重圓，拍得平常心是道、拍得日日好日、年年好年、如夢似真、止於至善！

我的天啊，什麼軟片這麼好？ Konica 卡拉！它抓得住我，一次 OK ！」

有興趣的話，不妨挑戰自己的極限！

自我練習的好方法

朗誦詩詞也是一個自我練習的好方法，說話若是太輕聲細語、咬字不清，或是字字句句聽來總是糾結在一起，讓人聽不清楚，想要練習語氣和聲調的抑揚頓挫，以下兩首詩詞可供參考，建議大聲朗誦，注意段句分明、抑揚頓挫。

■ 蘇軾《念奴嬌》

大江東去，浪淘盡，千古風流人物。

故壘西邊，人道是，三國周郎赤壁。

亂石崩雲，驚濤裂岸，捲起千堆雪。

江山如畫，一時多少豪傑。

遙想公瑾當年，小喬出嫁了，雄姿英發。

羽扇綸巾，談笑間，強虜飛灰湮滅。

故國神遊，多情應笑我，早生華髮。

人間如夢，一尊還酹江月。

■ 岳飛《滿江紅》

怒髮衝冠，憑欄處，瀟瀟雨歇。

抬望眼，仰天長嘯，壯懷激烈。

三十功名塵與土，八千里路雲和月。

莫等閒，白了少年頭，空悲切。

靖康恥，猶未雪；臣子恨，何時滅？

駕長車，踏破賀蘭山缺。

壯志飢餐胡虜肉，笑談渴飲匈奴血。

待從頭，收拾舊山河，朝天闕！

除此之外，練習繞口令，也是練習語速、咬字和口條，自我修練的好方法。電影《王者之聲》中的口語教練，就用這個來幫助英王進行溝通表達的練習，以下提供幾個我兒子跟我大力推薦的繞口令，有趣又有用，讓我們一起來試試：

■ 《灰雞上飛機》★難度第一級

抱著灰雞上飛機，飛機起飛，灰雞飛。

■ 《牆上落下一個瓜》★難度第一級

牆上落下一個瓜，

打著小娃娃，

娃娃叫媽媽，

媽媽抱娃娃，

娃娃罵瓜瓜。

■ 《四十四隻獅子》★★難度第二級

門外有四十四隻獅子，

不知是四十四隻死獅子？

還是四十四隻石獅子？

■ 《潘管兩判官》★★★難度第三級

一個廟裡兩個判官，

一個姓潘，

一個姓管，

不知是潘判官管管判官，

還是管判官管潘判官。

■ 《蔣家羊，楊家牆》★★★★難度第四級

蔣家羊，楊家牆，

蔣家羊撞倒了楊家牆，

楊家牆壓死了蔣家羊，

楊家要蔣家賠牆，

蔣家要楊家賠羊。

■ 《駝子騎騾子》★★★★★難度第五級

一個駝子，騎匹騾子，

碰到婆子，挑擔螺絲，

駝子的騾子，

撞翻了婆子的螺絲，

婆子拖駝子下騾子

要駝子賠婆子的螺絲。

為了讓你能唸好繞口令，本篇最後要跟你分享作者獨創，溝通表達的「**順口熱身操**」，每天反覆練習一到三分鐘，讓嘴巴和舌頭更靈活。上臺前熱身一分鐘，讓心情更平靜，表達更自信！

請用戲劇性較誇張的大動作，說出「啦啦啦啦啦——哈哈哈哈哈——哇哇哇哇哇——嘎嘎嘎嘎嘎——嗷嗚嗷嗚嗷嗚——德哥德哥德哥德哥德哥——」反覆（Repeat）練習就對啦！「相信」帶來神奇的力量，你一定要試試喔！

Q&A 問問自己，聆聽內在小聲音

1. 我的聲音悅耳好聽嗎？

2. 如果我的聲音更具魅力，溝通會不會更容易？表達會不會更有吸引力？

3. 這一篇哪段話或哪個故事最打動我，讓我有即刻改變的念頭？

4. 從今天起，我要怎麼做，才能在溝通或表達時，有效運用「聲音的力量」，讓自己更好？我的行動承諾是：＿＿＿＿＿＿＿＿＿＿

26
真誠、熱情的力量

　　「**真誠**」就是不虛假、不欺瞞、不做作、不浮誇，真實誠懇、真心誠意地相處、對待或協助他人。

　　「**熱情**」就是熱烈的情緒，感情熱烈，表現出積極、熱切、主動、善意、友好、親和、深感興趣、想要幫助人，有溫度的一種態度、一種心情、一種期盼、一種能量。

✊ 你有熱情嗎？

　　問問自己，溝通時，你夠真誠嗎？表達時，你有熱情嗎？人們大多喜歡和真誠熱情的人相處，我們要如何多些真誠和熱情？如何展現你的真誠與熱情？

　　真誠的人不需要從外界獲得身分認同，他們知道自己是誰，並且自豪而滿足。表現外向、樂於分享自己對事物的想法和觀點，清楚知道自己的立場，並不是想說服別人認同自己，而是希望所分享的內容對別人有幫助。他們樂於讚美別人，也樂於接受別人的讚美；清楚知道自己的實力，明白人無完美。勇於溝通表達，並願意給別人多些表達機會。言出

必行，堅持達成目標，不會誇下海口，總是保持謙遜。樂於做自己，安於內心的平靜，因自己所擁有的而感到幸福。

- 大提琴家馬友友說：「熱情是釋放創造力的巨大力量，如果你對某些事物充滿熱情，你會願意多承擔些風險。」
- 大科學家愛因斯坦說：「我沒有特殊的天分，只是熱切地充滿好奇。」
- 前南非總統曼德拉說：「如果安於現狀，生命就會失去應有的熱情。」有熱情，才會勇於改變，突破現況或困境。
- 美國電視脫口秀女王歐普拉・溫芙蕾說：「熱情就是能量，專注於令你興奮的事情，你就能感受到那股力量。」
- 美國政治家富蘭克林說：「如果熱情驅策你，那就讓理智握住韁繩。」理性與感性要兼備。
- 法國思想家暨作家沙特說：「我們必須先把熱情表現出來，才能感受到熱情。」
- 美國搖滾天團主唱瓊・邦喬飛說：「沒有什麼比熱情更重要的了，無論你的人生想做什麼，帶著熱情去做。」
- 蘋果電腦創辦人史帝夫・賈伯斯說：「你必須對一個想法、一個問題、或改正錯誤感到熱情。若你一

開始沒有足夠的熱情，便無法堅持到底。」熱情是堅持到底的泉源。

- 戴爾‧卡內基說：「熱情不只是外在的表現，它發自於內心，來自於你對自己正在做的某件工作的真心喜愛。」

問問自己，你有熱情嗎？

你夠真誠嗎？

真誠的溝通，容易引起共鳴，讓對方相信你；熱情地表達，充分展現並提升你的感染力和影響力。

東漢末年天下紛亂，打著「復興漢室」名號起兵的劉備，在屯田新野時，從謀士徐庶口中得知避居在南陽隆中的諸葛亮（孔明）是個能人，可比「興周八百年的姜子牙」和「興漢四百年的張良」，於是劉備選定吉日，齋戒三天，沐浴薰香，備齊禮品，與結拜兄弟關羽和張飛一起到隆中邀請諸葛亮，以示慎重，展現誠意。

但他們一連去了三次，才見到諸葛亮本人。當天諸葛亮剛好在草堂午休，劉備不敢驚醒諸葛亮，一直等到他醒後，方才相見敘禮。劉備虛心請教天下大勢，安邦定國之計，諸葛亮雄才大略，侃侃而談，劉備深受啟發、大為嘆服，懇請諸葛亮出山相助。諸葛亮感念劉備乃漢室正統，為天下蒼生謀福祉，求賢若渴之心極為真誠，被其三顧茅廬的誠意所感

動，最終答應出山。

多年後，諸葛亮在《前出師表》中提及此事：「先帝不以臣卑鄙，猥自枉屈，三顧臣於草廬之中。」

劉備不顧其皇叔身分，一連三次專程拜訪的真誠與熱情，感動了千古難得一遇、神機妙算的天選之人──大軍師諸葛亮，答應出山替他奔波效力，輔佐劉備取荊州、定巴蜀，聯合東吳抗拒曹操，形成三國鼎立之勢，鞠躬盡瘁，死而後已。

溝通表達時，如何展現真誠與熱情，吸引對方注意？看看孔子和孟子給我們的建議。

子曰：「**視其所以，觀其所由，察其所安，人焉廋哉？**」《論語‧為政》

孔子說，要了解一個人，應觀看他所做的事，進而觀察這個人做這件事的動機，然後詳細察看他做這件事之後，是不是心安理得。這樣做，哪一個人能隱藏自己呢？

孟子說：「存乎人者，莫良於眸子，眸子不能掩其惡。胸中正，則眸子瞭焉；胸中不正，則眸子眊焉。聽其言也，觀其眸子，人焉廋哉？」《孟子‧離婁》

觀察一個人，沒有比觀察他的眼神更好、更清楚了，眼神沒有辦法遮掩他的惡念。存心正直善良，眼神就明亮；存心邪惡，眼神就混濁不明。所以只要聽他所說的話，再看看他的眼神，那個人怎麼能掩飾得了呢？

- 沒有真誠和熱情，你的溝通和表達可能什麼都不是。
- 唯有自己受到啟發，才可能啟發他人；唯有釋放你的熱情，才能得到他人的熱情回應。
- 如果你的動機是跟聽眾分享熱情，分享你自己的故事和你熟悉的事，你可能就不會那麼緊張害怕；如果你的目標是真誠地為他人好，讓他們可以過更好的生活，你會比較自在，也更能感動聽眾。
- 任何事，只要你熱愛它、渴望它，充滿熱情反覆一直做，你就會進步。
- 不要怕表現出真實的自我，真誠和熱情往往可以跨越彼此的差異，拉近雙方的距離。
- 溝通表達最好真誠以對，但真誠並不會自然而然地發生，需要練習。
- 一個傑出的領袖想要散發領導魅力，語言溝通和非語言表達一樣重要，包含了：皮鞋發亮，衣著得體；真誠溝通，眼神堅定；握手有力，表達熱情；說話簡明，重點有理；從容不迫，保持鎮定；開放手勢，善用肢體；丹田發聲，激勵人心。
- 口語表達的成功關鍵點，只要認真做，你一定可以。問問自己是否可以做到：
  1. 真誠態度、自信熱情、清晰流暢、語調生動、語速和音量大小適中、肢體語言活潑。

2. 無口頭禪，避免說話的贅詞、無謂的語助詞（嗯、喔、啊、那個、這個、然後、我想……）。

3. 外表儀態整齊清潔、乾淨清爽、落落大方。

4. 演講時，至少正對觀眾的目光接觸二次以上。眼睛像雷射槍掃描，由右至左，再由左到右，帶著微笑，展現你的真誠與熱情。

5. 適當的手勢（握拳激勵、舉手鼓勵或帶頭鼓掌）會讓聽眾更貼近講者，對其更有好感和信心。

6. 適時移動位置，讓聽眾都看到你，也被你看到。

總而言之，內心強大（真誠）是修練，外在柔軟（熱情）是修養。修心與善念就是存好心，說好話，做好事。給人信心、給人歡喜、給人方便、給人希望，就是一種真誠與熱情，對嗎？

✊ 自我練習的好方法

有時上完整天的課，下課前我都會問學員：「一天七小時一下子就過了，大家會不會覺得時間過好快，有種依依不捨的感覺？」

通常這個問題的回應很冷淡：「並不會！」

但我再問：「你們會不會覺得 Leader 講了整天的課，到現在還是保有熱情和活力呢？」

這時候學員通常會點頭並大聲地說：「會！」

我常開玩笑地說：「我就知道你們還是有人性的！」

帶著微笑看著大家，語氣輕鬆自在，下臺前再次展現真誠與熱情，提醒學員：「為什麼你們會有這樣的感覺呢？想一想，因為我臉上的笑容始終如一？因為我的聲調就算講了七小時，還是有抑揚頓挫，而且中氣十足？因為我的目光感覺一直與你們接觸？因為我的肢體動作一如早上第一堂課，生動活潑有力？還是因為我的表情始終流露出很願意分享、很認真想幫助大家的真誠與熱情，觸動你的心？記住這些點，若你在別人面前也可以自然展現的話，他們的感覺，就是你現在的感覺，好嗎？」「珍惜相聚時，難得有緣人；向著陽光走，希望永遠在。」謝謝大家。

Ⓠ Ⓐ 問問自己，聆聽內在小聲音

1. 我總是很真誠地與人溝通，或熱情表達嗎？

2. 如果我能更真誠、更熱情，我的溝通會不會更順暢？人生會不會更美好？

3. 這一篇哪段話或哪個故事最打動我，讓我有即刻改變的念頭？

4. 從今天起，我要怎麼做，才能在溝通或表達時，有效運用「真誠、熱情的力量」，讓自己更好？
   我的行動承諾是：＿＿＿＿＿＿＿＿＿＿＿

27
東方哲理說故事的力量

莊子（莊周）是戰國時代有名的哲學家、思想家，擅長用故事比喻，並被後世流傳成許多耳熟能詳的成語，像是螳螂捕蟬、螳臂擋車、井底之蛙……等等，以下精選幾則很有意義和意思的莊子小故事，希望為你帶來大啟示。

■ 《子非魚，安知魚之樂》

莊子與惠施在濠水的橋梁上觀魚，莊子說：「鯈魚自在地游來游去，多麼快樂啊！」

惠施說：「你不是魚，怎麼知道魚的快樂呢？」

莊子說：「你不是我，怎麼知道我不知道魚的快樂呢？」

惠施說：「我不是你，本來就不知道你的想法，而你也不是魚，那你肯定不知道魚的快樂。」

莊子說：「請追溯你先前的問題，你說：『你怎麼知道魚的快樂呢？』說明你早知道我知道魚兒的快樂才問我，我是在濠水橋上知道的。」《莊子・秋水》

寓意：溝通表達時，不要把自己的見解或想法強加於人，非

要對方接受不可，將心比心很難，因為你不是他，無法真正了解或代表他，人不應該輕易對任何人或事下判斷，人心各異，要懂得相互尊重。

■ 《邯鄲學步》

　　燕國壽陵有個少年，千里迢迢來到邯鄲，打算學習邯鄲人走路的姿勢。結果，他不但沒有學到趙國人走路的樣子，反而把自己原來走路的步伐都忘記了，最後只好爬著回去。《莊子·秋水》

寓意：全盤否定自己的傳統，生搬硬套上別人的經驗，不僅學不到別人的優點，反而會丟掉自己的長處。

■ 《屠龍之技》

　　有一個姓朱的人，一心要學會一種別人都沒有的技術，於是就到支離益那裡去學習宰殺龍的本領。他花盡了家裡資產，用了整整三年時間，終於把宰殺龍的技術學到手了，姓朱的得意洋洋地回到家裡。可是世間哪有龍可殺呢？結果他學的技術一點也用不上。《莊子·列禦寇》

寓意：學習必須從實際出發，講求實效，如果脫離了實際，再大的本領也沒有用。

■ 《東施效顰》

西施長得很美麗，即使是心口疼的時候，捧著心口、緊鎖雙眉的樣子，一樣很美。附近的一個醜女東施見了，覺得她的樣子實在很漂亮，回去以後也學西施捧著心口、皺著眉頭，想讓別人誇她漂亮。

誰知道鄉里的富人看她這個樣子，趕緊關閉大門不出來；窮人見了，也拉著自己的妻子、兒女遠遠地躲開。東施只知道西施皺著眉頭的樣子美，卻不知道，並不是每個人皺眉的樣子都很美。《莊子·天運》

寓意：無論做人或做事，如果不考慮自己本身的條件，只是一昧盲目地模仿別人，很容易弄巧成拙，適得其反。

■ 《井底之蛙》

一隻青蛙住在一個廢棄的水井中，某天在路上遇到了一隻來自東海的巨鱉。青蛙對鱉說：「你看我多快樂啊！出去可以在井邊跳來跳去，回來了可以在井裡的磚洞中休息，在水中可以只把頭和嘴巴露出來，還可以把腳踩在軟軟的泥裡。那些蝦米、螃蟹、蝌蚪哪個能比得上我？我就是這一井之主，多麼地快樂！你幹嘛不到井裡來看看呢？」

那隻巨鱉因此想進到井裡，但是這個井卻小到連腳都放不進去。鱉對青蛙說：「你見過大海嗎？其闊何止千里？其深何止千仞？大禹治水之時，十年中有九年洪水，也沒有使

大海水量增加，商湯之時，八年中有七年旱災，海水也沒有減少多少。大海如此不受洪水、大旱的影響，這才是住在東海的大快樂呢！」井裡的青蛙聽了驚呆了，方才知道自己所居之地是何等的微不足道。《莊子·秋水》

寓意：比喻或諷刺眼界狹窄或學識膚淺之人，後人稱之為「井底之蛙」。

■ 《螳螂捕蟬》

有一天，莊子在雕陵閒遊，看到一隻奇特的大鳥飛進別人的栗園裡，停在樹上。他不知不覺地被大鳥吸引，提起衣服下襬走進園中，想用彈弓射下大鳥。

他走過去，往樹叢裡望，發現有隻蟬躲在樹蔭裡，因為太舒適而鬆懈下來，完全不知道身後有隻螳螂，用樹葉遮蔽，正撲身向前抓牠。

那隻螳螂抓到蟬後，得意洋洋的，同樣也沒警覺到身後有隻大鳥，正伸著脖子啄牠。莊子看到這種情形有所警惕，悟得「利益」與「禍患」相連相倚的道理，於是丟下彈弓，轉身便要離開，但被守園人發現而斥責了一頓。此事讓莊子悶悶不樂了三天，並領悟到：做人應該要隨時保有真我，不為外物干擾，才能避於禍害。《莊子·山木》

寓意：用來比喻眼光短淺，只貪圖眼前的利益，而忽略背後隱藏的危機。

除了《莊子》，以下三個故事也深具寓意，很有啟發性，與
您分享：

■ 《夜郎自大》

西漢時，西南邊境有二個分別叫做滇和夜郎的小國家，
這二個小國的疆域面積大約都跟西漢的一個郡差不多，可說
是典型的彈丸小國，但那二個國家的國王，都自以為統治的
是天下第一大國。

有一次，漢派使臣去訪問這二個國家，滇王和夜郎侯竟
然都不知天高地厚地問漢使：「請問大漢跟我國相比，到底
哪一個大呢？」

因為他們在沒有跟漢人接觸前，一直以為自己的國家最
大，根本不知道漢的國土廣大遼闊，遠非自己的國家所能比
得上。《史記·西南夷列傳》

寓意：用來比喻人見識短淺，狂妄自大。

■ 《鷸蚌相爭，漁翁得利》

戰國時代，七雄並立，互相征戰不休。有一次，趙惠王
打算攻打燕國，有個叫做蘇代的謀士，認為兩國戰爭，必然
生靈塗炭，又擔心燕、趙兩敗俱傷，最後都會被趁機坐大的
秦國併吞，於是代替燕國遊說趙惠王，希望他能夠停戰。

蘇代見到趙惠王，並沒有直接請他休兵，反而說了一個
故事：「大王啊！我到貴國途中經過易水時，看到一隻蚌，

正把殼打開在河邊晒太陽。這時飛來一隻鷸鳥，伸出長長的喙去啄蚌的肉。受到驚嚇的蚌立刻合攏雙殼，把鷸的喙給夾住了。鷸說：『如果今天不下雨，明天不下雨，你就會被太陽晒死！』蚌也不甘示弱地說：『如果你今天嘴拔不出去，明天嘴也拔不出去，很快你也活不了。』雙方爭執不休，誰也不肯讓誰。有一個漁夫經過，就毫不費力地把牠們一起抓住了。」

蘇代接著說：「大王，今日趙國攻打燕國，燕國必然全力抵抗，雙方僵持不下，我怕在一旁的秦國就是那個漁夫，會趁機消滅趙、燕兩國啊！」趙惠王聽了，覺得很有道理，就取消攻打燕國的計畫。《戰國策・燕策二》

寓意：比喻雙方爭執不相讓，必會造成兩敗俱傷，而讓第三者獲得利益。

■ 《居安思危》

春秋時，有一次幾個諸侯國聯合攻打鄭國，鄭國人相當害怕，就準備禮物要去賄賂其中最大的晉國，用以求和。鄭國一共送了三名樂師、裝配齊全的兵車一百輛、各種樂器以及歌女十六人給晉國，晉國國君晉悼公非常高興，將半數的樂器與歌女賜給大臣魏絳，感謝他對國家的貢獻。

但魏絳卻謝絕了晉悼公的贈禮，並藉此機會向悼公進諫說：「今天國家這樣的強盛，是因國君您的才能及眾臣的

同心協力，我個人哪有什麼貢獻呢？但臣希望您在享樂的同時，千萬不要忘了國家大事。《書經》裡有句話說：『處於安樂的時候，要想到危險可能隨時會出現，這樣才能及早做防備，有了防備就不怕災難。』我斗膽以這句話規勸您。」
《左傳・襄公十一年》

寓意：處於安樂的時候，要想到危險可能會隨時出現，平日做好防備，才不怕災難突然降臨，有備則無患。

Q&A 問問自己，聆聽內在小聲音

1. 我會運用本篇提到深具哲理的故事，來跟別人進行溝通表達嗎？

2. 如果我能說個好故事，溝通會不會更容易？表達會不會更具吸引力？

3. 這一篇哪段話或哪個故事最打動我，讓我有即刻改變的念頭？

4. 從今天起，我要怎麼做，才能在溝通或表達時，有效運用「東方哲理說故事的力量」，讓自己更好？我的行動承諾是：＿＿＿＿＿＿＿＿

28
西方寓言說故事的力量

　　《伊索寓言》是源自古希臘的一系列寓言，相傳由伊索創作，再由後人集結成書。膾炙人口的一系列故事，大部分篇幅短小，卻能闡述大道理，深具哲理，具有很高的文學價值，因此成為世界上流傳廣泛的經典作品。

■ ＜北風與太陽＞
　　北風與太陽決定舉辦一場比賽，以決定誰的力量比較強，能讓路過的旅人脫下斗篷。北風越用力吹，旅人就越把自己包得更緊；然而，當太陽溫暖照耀時，旅人因為悶熱而不得不脫下斗篷。

寓意：就像古代大禹治水，用疏導而非圍堵，與其全力控制對方，不如放手讓對方心悅誠服。

■ ＜狼來了＞
　　一個牧羊的男孩，每天趕羊到山坡上去吃草，小男孩覺得每天做同樣的事情很無聊，於是他想了一個主意。有一

天，他忽然氣急敗壞地衝下山坡，對著村莊大喊：「狼來了！狼來了！」

村裡的人聽見了，連忙拿起木棒、獵槍等武器跑來，要幫男孩打走狼。但到了山坡，只見到哈哈大笑在地上打滾的小男孩，和一群正在安靜悠閒吃草的羊，根本沒見到狼的影子。

小男孩覺得惡作劇很成功，於是三不五時地玩起這種「狼來了」的遊戲，弄得村民很生氣。有一天，真的來了一群狼，小男孩嚇壞了，他大聲地呼救，但這次再也沒有人來救他了，結果，所有的羊都被狼吃掉了。

寓意： 說謊是一種不好的溝通行為，既不尊重別人，也會失去別人對自己的信任。或許為自己帶來一時的好處（眼前利益、戲弄別人找樂子），但到最後可能會發生重大的災難，得不償失。

■ ＜烏鴉與狐狸＞

有隻烏鴉偷到一塊肉，銜著站在大樹上。路過此地的狐狸看見後，口水直流，很想把肉弄到手，他便站在樹下，大肆誇獎烏鴉的身材魁梧、羽毛美麗，還說他應該成為鳥中之王，若能發出聲音，那就更當之無愧了。

烏鴉為了要展現他能發出聲音，便張嘴放聲大叫，而那塊肉就如狐狸所願，掉到了樹下。狐狸跑上去，搶到了那塊

肉，邊吃邊嘲笑：「喂！烏鴉，你若有頭腦，或許真的可以當鳥中之王喔！」

寓意：諷刺那些虛榮心強、自以為是、愛炫耀的人。

■ **＜龜兔賽跑＞**

有一天，兔子邀烏龜比賽跑步。一開始兔子大幅領先烏龜，但不久後，兔子看到烏龜的龜速便開始輕敵，認為即使小睡一下，烏龜還是追趕不上他，便到路邊睡覺。結果烏龜奮力不懈，後來居上，等到兔子醒來，烏龜早已到達終點了。

寓意：絕不可輕易小看他人。虛心使人進步，驕傲使人落後，做事情要腳踏實地、堅持到底，不要半途而廢，才有成功的機會。

■ **＜下金蛋的鵝＞**

有一個農夫養了一隻母鵝，某日，母鵝竟然下了一顆金蛋，讓他喜出望外。而且從這天開始，母鵝每天都會下一顆金蛋，農夫也因此變得越來越有錢。

有一天，他忽然想到，要是宰了這隻母鵝，不就可以一次拿到所有的金蛋嗎？但當他真的拿刀殺了母鵝時，卻發現鵝的肚子裡什麼也沒有。

寓意：貪心不足蛇吞象，貪婪者往往自食惡果、因小失大、得不償失。

■ <螞蟻和蚱蜢>

在炎炎夏日,螞蟻們大汗淋漓地搬運食物,他們將一批又一批的食物搬回洞穴儲存起來,以備寒冬的需求,而蚱蜢卻每天都在唱歌跳舞彈吉他。

蚱蜢對螞蟻說:「你們這是在做什麼啊?世界上有那麼多的食物,吃都吃不完,你們還要把食物儲存起來,真是浪費時間。不如來跟我一起唱歌跳舞,享受一下這美麗的時光吧!」

但是螞蟻們在蟻后的帶領下,根本沒空搭理蚱蜢,依舊不停地搬運食物。在蚱蜢看來,這些螞蟻的生活毫無樂趣可言,整天都是工作,就跟機器一樣。不像他可以開心自由自在地唱歌玩耍,反正到處都有食物,不用著急。

到了秋天,氣候明顯變冷了,蚱蜢還是覺得自己可以再等等,反正秋天是收穫的季節,會有更多的食物。但等到他到處都找不到食物的時候,他才發現原來已經是冬天了。這個時候,螞蟻們在洞穴裡有著充足的食物、溫暖的家園,他們可以開始唱歌跳舞,盡情享受;而此時的蚱蜢,只能在冷冽的寒風之中,飢餓而亡。

寓意:在有機會的時候,不做好充分的準備,未雨綢繆,一旦等到問題來臨,才去想辦法解決,恐怕後悔莫及,為時已晚。

■ ＜披著獅皮的驢子＞

一頭驢子在森林裡發現一張獅子的皮，他就把獅皮穿在自己身上，當他在森林裡走動時，許多動物都真以為是獅子來了，嚇得趕緊躲起來，驢子因而自得其樂，洋洋得意。

有一天，驢子在路上迎面遇見一隻狐狸，他也想嚇嚇狐狸，便試著發出獅子的吼聲，但是他卻只能發出驢子嘶嘶的叫聲。狐狸很快地從聲音辨別出那是驢子，而不是獅子的吼聲，便張口咬死了驢子。

狐狸對臨死的驢子說：「如果我沒有聽到你的叫聲，也許會像其他動物一樣害怕，你可以穿得像獅子，但不要發出聲音，自暴其短，因為就算披上獅皮，你終究還是一頭驢子。」

寓意：在社會上，我們常常會遇見披著獅皮的驢子。初見面時，可能會讓人相信他是一隻獅子，但是日子久了，從他的言行舉止，就會知道他不是真正的獅子。披著獅皮的驢子只能騙人一時，卻不能唬人一世。

所謂「路遙知馬力，日久見人心」，那些狐假虎威、仗勢欺人的人，終將遭到世人揭穿、痛恨與排斥。從驢子的故事反思人性、引以為戒，才不會在現實生活中因為自不量力、自作聰明、一味模仿、不知變通，而成為一隻愚蠢無知的驢子，想一想，做人還是別「驢」了吧！

Q&A 問問自己，聆聽內在小聲音

1. 我會運用本篇提到的寓言故事，跟別人進行溝通表達嗎？

2. 如果我能說個好故事，溝通會不會更容易？表達會不會更有吸引力？

3. 這一篇哪段話或哪個故事最打動我，讓我有即刻改變的念頭？

4. 從今天起，我要怎麼做，才能在溝通或表達時，有效運用「西方寓言說故事的力量」，讓自己更好？我的行動承諾是：＿＿＿＿＿＿＿＿＿

29
說好故事的力量

✊ 《如果，能夠說再見》

　　那是一個下著滂沱大雨的夜晚，當 Sonia 趕到醫院時，Kevin 已呈現重度昏迷狀態，昏迷指數只有 3，任憑她不停地呼喚，他卻始終動也不動。交通警察說，老 K 騎著 Ubike 被一部違規闖紅燈的跑車撞上，駕駛是個年輕人，酒測值高達 1.33。Sonia 整夜不曾闔眼，只是痴痴地握著老 K 的手，陪著他跟死神搏鬥，口中念念有詞，不斷地顫抖……（熱點：故事的情境——倒敘法）

　　老 K 是我從高中到大學最要好的同學，也是一個愛家的新好男人。他的缺點就是太過自信，主觀且自以為是，這也難怪，外表英挺帥氣，幽默風趣，國立大學畢業，又是留美名校碩士，不到 30 歲就在金控公司當上主管。一向意氣風發，職場得意的他，在情場上也是個呼風喚雨的狠角色、不婚族，直到遇見他的真命天女 Sonia，一位來自臺中、能力強、有自信的大眼美女，讓老 K 在買到他人生第一間房子

時，也幸運地找到了他新家的女主人。

那時剛進入房仲業的她，有著甜美的笑容，充滿企圖心，和急著想幫客戶找到理想房子的熱情，才第一眼就把我的老同學套住了，他們是大家公認的天作之合。熱戀兩年，婚後生了一對龍鳳胎，Sonia 也順利升上店長，負責一家房仲店業務。身兼好友及保險專業顧問的我，當然要幫他好好做規劃，但一開始，老同學卻不只一次地拒絕我。（**主角的描述，故事的轉折**）

「什麼？買保險！我負擔很重耶！每個月的房貸、車貸不說，還有兩個小孩的教育成長基金要準備，加上老媽的孝養費，扣除生活開銷，我真的沒有多餘的錢來買保險啦！」

「何況我每天都去跑步，一週上健身房兩次，每年體檢報告都沒問題，上下班開車也很安全。老同學，你去幫助更需要幫助的人吧！別跟我講保險。」客戶的拒絕我早習以為常，面對老朋友，更要本著服務熱忱，莫忘初衷地好好開導他，畢竟他現在已經不是單身貴族，有一個美滿的家庭和長遠的責任！（**客戶拒絕的理由，業務員不放棄的動力**）

坦白說，和大多數人一樣，其實老 K 不是真的沒錢，只是對保險商品沒好感，覺得不需要。他總認為自己是金融專才，投資理財靠自己就可以搞定，所以寧可把錢放在海外基金、股票、債券或房地產上。何況自己還年輕，談退休規劃嫌太早，現在只要把小孩平安順利地養大就好。我能理解他

的想法，但也知道自己做保險的使命，有機會就持續跟他溝通。（**拒絕背後的深層涵義**）

　　直到有一天，事情有了轉機。幾年前，參加完因胰臟癌過世的大學同學 Alan 的告別式之後，老 K 主動邀我喝咖啡，說要談他最「討厭」的保險。

　　「Leader 你記得嗎？Alan 以前是籃球校隊，又是馬拉松好手，身體壯得跟牛一樣，沒想到因為一場病說走就走，同學們還是在他臉書上看到家屬公告的訃文才得知這個消息。聽說他房貸很重，老婆是家庭主婦，又有兩個小孩要養，不知道他有沒有買保險呀？你身為保險專家，應該不會輕易『放過』他吧？」（**折點：故事的反轉，情緒或想法的變換**）

　　「你說的是什麼話呀？」我 K 了老 K 一下，「其實我跟 Alan 的確溝通過『保險規劃』這件事，但他跟你一樣相當鐵齒，自認為很健康、還年輕，不需要保險。不過看在老同學的情份上，他最終還是跟我買了一張 200 萬元保障的壽險保單，我剛才已將保險理賠支票交給他太太了，希望能對他的家庭有些幫助。人無法預知未來，明天和意外不知哪一個會先到，我們唯一能掌握的，就是做好風險管理，這也是我在保險職涯路上一直堅持的信念。對了，你不是一向都很不屑保險嗎？怎麼今天會主動跟我提到保險呢？」

　　「老同學別虧我好嗎！我替 Alan 和他的家人難過，也不禁想到自己，雖然我現在身體很健康，但就像你說的，在這

個不確定的後疫時代，未來是怎樣，誰都沒個準，我也有老婆、孩子要養，萬一……我會無法安心的！」（折點：主角的頓悟）

「聽你這樣說，我既感慨又安慰。感慨的是，通常客戶說不需要保險，是因為他不知道保險對他的幫助及重要性，非得要自己或身邊的親友出狀況了，才會觸動內心的感受和需求；安慰的是，你總算明白風險規劃對於每個人，尤其是一家之主的重要性，越是有責任，越是不安心，保險就越具有不可或缺的功能與意義。我唸了你這麼多年，你總算對保險有了正確的體認和覺悟，我真替你和你的家人高興呢！」

「好啦！別再唸我了，趕快幫我規劃一下適合的保單吧！我可是有房貸、車貸，還有一輩子都欠的老婆債和子女債呢！老同學，我的下半輩子就靠你了喔！」（折點：主角的覺醒與改變）

想到這裡，思緒紛亂的我，看著 20 多年的老友，正在跟命運進行一場最艱辛的拔河，老 K 那爽朗又充滿自信的笑聲，好像還在耳際迴盪。他 70 歲的母親緊抿著嘴不發一語，凌亂的白髮、焦急無助的眼神，透露著老人家對心愛獨子無盡的不捨和期盼，同時還要顧到兩個稚齡的孩子一直問：「爸爸怎麼了？爸爸不乖，怎麼一直睡覺不起來。」

天亮了，陽光穿透玻璃窗灑進病房，時間的鐘彷彿停了下來，就像回到萬物初生時一樣地平靜安祥，在大家都毫無

心理準備的情況下，老K竟然就這樣離開了我們。Sonia的眼淚再也忍不住地崩潰決堤，放聲大哭：「親愛的，你醒醒！你不可以放下我們說走就走，連一句再見都沒說！」（比悲傷更悲傷的故事）

39年的歲月如滄海一粟，曇花一現。

「老同學，我的下半輩子就靠你了喔！」這句半開玩笑的話猶言在耳，此刻對我而言，竟如此沉重。如果，能夠說再見！如果，一切都還來得及！這世上有太多的「如果」、「早知道」和「沒想到」，但我們好像總是遲了一步，慢了半拍，徒留無盡的後悔及遺憾。

人生不能假設，也無法重來，我們能做的只有面對現實，活在當下。世事難料，保險正好能協助我們防患於未然，守護我們毫無預警的人生，讓身心受創的人們在黑暗中看到一線曙光。保險不只是為了有人離去，更重要的是：有人還要繼續走下去，讓生者繼續、逝者放心，保險的價值與功能莫過於此。人生在世，總得負責，總要安心，保險能幫助我們負擔起責任，表達對家人的愛，安心一代傳一代！（結點：故事的啟示與醒悟，心情和價值觀的分享，應有的行動與改變）

✊ 如何說一個好故事？

賣保險的人，大多是有故事的人，總有說不完的故事，可以跟客戶溝通分享，因為保險商品跟人的生、老、病、死

相當有關聯，所以保險故事總是特別觸動人心，容易提醒客戶的需求，激發客戶購買的欲望。

會說好故事的人，往往溝通無障礙，銷售能成功，表達更精彩。無論說什麼、賣什麼，人人都愛聽故事，講自己的故事，通常連草稿也不用打，講來格外生動自然；說別人的故事，若能透過反覆練習，當成在說自己的故事，同樣有吸睛的效果。

■ **説好故事的關鍵點：**

1. 激發聽眾的好奇心。
2. 打破既有固定的模式。
3. 上下起伏，曲折離奇的經過。
4. 讓人大感意外的結果。
5. 發人省思的心得與收穫。

最重要的是，說故事一定要有熱情，才能激發熱情。無論是不是自己的親身經歷，重點是：你會說一個撼動人心、發人省思的好故事嗎？

■ **説故事的四大重點，包括：**

1. 帶有「中心思想」的故事（感動、軟弱、愛、讚美、正面……）。
2. 情境設定「清晰明確，無縫接軌」，包括什麼人、哪些人、發生什麼事、在什麼時間、在什麼地點、什麼氛圍、有什麼重要的物件或物品。

3. 轉折點及戲劇點：出乎意外的驚喜或驚嚇，心路歷程的深刻改變（沒想到、怎麼會、突然有一天……）。

4. 如何收尾？（啟示、影響、感動、心得、收穫和改變）

■ **說故事的基本原理：**

Who（對象是誰）？ Why（為什麼要說故事）？ What（說什麼故事）？ How（怎麼說故事）？

■ **說故事的「三點皆露」原則：**

1. 30 秒內要出現**熱點**，就像暖場、破冰一樣讓人眼睛為之一亮，耳朵自動打開，想聽、要聽、愛聽下去。

2. 忠實、精彩地呈現內心情緒的震盪起伏，或事情急轉直下的關鍵**折點**。

3. **結點**呈現個人的價值觀與這個故事的交會點（它告訴我們的是？它給我的啟發或警惕是？我們從這個故事中學到的教訓是？聽完這個故事，我會採取的行動是？）。

■ **說好故事輪：**

■ **每個故事包括了：**

1. 引人注意，發人省思的主題、大綱或是 Slogan。
2. N 個解決方法——具有教育意義的故事。
3. 自己或他人的實際案例分享。
4. 聽眾最想知道或解決的疑問或問題（Q&A）。
5. 學習前和學習後，成長改變的反差。

說個好故事，讓溝通更具吸引力，讓表達更有說服力，您學會了嗎？讓我們一起來學習和練習：好好說好一個好故事吧！

Q&A 問問自己，聆聽內在小聲音

1. 我是個會說好故事的人嗎？
2. 如果我能多說些好故事，對於溝通或表達會有幫助嗎？
3. 這一篇哪段話或哪個故事最打動我，讓我有即刻改變的念頭？
4. 從今天起，我要怎麼做，才能在溝通或表達時，有效運用「故事的力量」，讓自己更好？我的行動承諾是：_____

┌─────────────────┐
│ 30 │
│ **上臺的力量** │
└─────────────────┘

🤚 向脫口秀女王歐普拉致敬

上臺表達時,你需要準備稿子?唸稿子還是背稿子?或是可以隨心所欲,即興脫稿演出?讓我們來向美國脫口秀女王歐普拉‧溫芙蕾(Oprah Winfrey)致敬,看看她對 2013 年哈佛大學畢業生的精彩演講,教你如何有效溝通、如何精彩表達、如何充分展現上臺的魅力與影響力?(中文翻譯摘錄自:「開放式課程計畫」)也為本書的前 30 力做個小結:

喔,天哪!我在哈佛,哇!(Oh my goodness! I'm at Harvard. Wow!)

一上臺,短短不到 10 個字,歐普拉用極具戲劇性的高昂聲調,及特別加重音,加上雙手張開做似擁抱哈佛大學和全體畢業生的大動作,表達她對哈佛的敬意,以及對於今天能應邀演講,深感榮幸,同時臺下歡呼聲和掌聲不斷。(→「微笑+親和+讚美+感恩+非語言+聲音」的力量)

　　哇！感謝 Faust 校長，以及與我同獲榮譽學位的夥伴。這實在太棒了，感激不盡，感謝哈佛全體教職員，感謝所有校友，還有你們—— 2013 年（特別加重音，表示獨一無二）的哈佛畢業生！哈囉！

　　感謝各位讓我參與你們這段人生篇章的結束，以及下一段人生篇章的開始，簡單一句「深感榮幸」實在無法表達我對榮獲哈佛（改變音調加重音）榮譽學位的感激之情。

　　坦白告訴各位，當我今早坐在講臺上，為你們和我自己喜極而泣時，我將今天視為這段漫長而幸運的旅程中一個決定性的里程碑。我今天最大的期望是為大家帶來一些啟發，我想將這場演講獻給任何曾經感到自卑或遭受虐待、感到人生一團糟的人。（→「正向＋幽默＋真誠＋親和＋熱情＋讚美＋感恩＋聲音」的力量）

　　19 歲時，我進入電視圈；1986 年，我推出自己的電視節目，下定決心非成功不可。競爭令我神經緊張，然後，我成了自己的競爭目標，不斷提高標準，竭盡所能地鞭策自己。聽起來熟悉嗎？在座各位。（暗示哈佛學生大多也是如此地競爭激烈）最後我們成功登上顛峰，我們在那裡停留了 25 年，《歐普拉秀》蟬聯 21 年收視冠軍，我得坦白告訴各位，那份成就令我志得意滿。（→「自信」的力量）

　　但幾年前，我決定——你們也將經歷這個階段——是重新出發的時候了，我尋找新版圖，開創新局面，因此我結束

《歐普拉秀》，推出「OWN」歐普拉電視網，字首縮寫剛好代表「我的」。OWN 推出一年後，幾乎所有媒體都說我的新事業是失敗之作，不僅是失敗，而且是一敗塗地。我依然記得，某天我翻開《今日美國報》，頭條標題寫著〈歐普拉似乎搞不定「她的」電視網〉。我想，不會吧？《今日美國報》？那可是份好報紙啊！

去年此時，確實是我職業生涯中最黑暗的時期，我心力交瘁、沮喪萬分，坦白說，我確實感到十分難堪。剛好在那個時候，Faust 校長來電，邀請我來這裡演講。

我心想，你要我替哈佛畢業生演講？我能對哈佛畢業生說什麼？這些世上最成功的畢業生？在我已不再成功的時候？因此我結束和 Faust 校長的通話，然後去淋浴。若不是淋浴，就是吃下一整包 Oreos，因此我選擇淋浴。（→「幽默＋故事＋自省」的力量）

我在浴室待了很長一段時間。當我淋浴時，腦海裡突然浮現一首古老的讚美詩，你們或許沒聽過：「漸漸地，當黎明到來……」（用唱的），我開始思考，我的黎明何時才會到來，因為當時我感到身陷泥沼。然後我想起讚美詩中的一句話：「困境不會永遠存在，終有雨過天晴的一天。」從浴室出來後，我想：「我一定要扭轉局面，我會振作起來，當我達成目標後，我要到哈佛去，分享這個故事。」

因此我今天來到這裡，告訴大家，我已讓「歐普拉電

視網」起死回生，這全是因為當時接到你們的演講邀請，因此，我對此感激不盡，你們不知道你們帶給我多大動力，謝謝！（→「聲音＋自省＋自信＋勇敢＋正向＋鼓勵＋感恩＋故事」的力量）

無論你達成什麼樣的成就，在某個時刻，你將遇上阻礙，因為如果你持續和我們一樣，不斷提高標準；如果你不斷鞭策自己，朝更高的目標邁進。根據一般情況，你將在某個高度墜落，當你遇上這種情形時，我希望你們明白並記住這一點：「人生沒有所謂的失敗，失敗只是人生試著讓我們轉個方向。」

當你陷入谷底時，看起來確實像失敗。因此過去一年中，我必須不斷用這些話替自己打氣。讓自己難過一會兒無妨，給自己一點時間悼念你認為可能失去的一切。但之後，這是關鍵，從每一次錯誤中學習，因為每一段經歷、每個遭遇，尤其是你犯的錯，都能讓你有所領悟，驅使你成為更真實的自己，然後釐清下一步該怎麼做。（→「正向＋鼓勵＋自省＋勇敢＋練習」的力量）

我知道你們比大多數人更加瞭解，真正的進步需要真誠，一種真誠、實在的方式，最重要的是同理心。我必須坦言，25 年的訪談生涯中，我最重要的領悟是：人類擁有一項共同天性，我可以告訴各位，大多數人不希望遭受孤立。我們希望的是，我在每一次訪談中發現的共同點是：我們希望

獲得認同，我們希望獲得理解。（→「了解＋同理＋傾聽＋鼓勵＋真誠」的力量）

職業生涯中，我進行過 35,000 多場訪談，只要錄影機一關上，受訪者總是轉向我，絕無例外地，以他們的方式提出這個問題：「這樣可以嗎？」（Was that okay？）

布希總統這麼問過、歐巴馬總統這麼問過、英雄這麼問過、家庭主婦這麼問過、犯罪事件的受害者和加害者這麼問過。在每一次爭論、每一場相遇、每一次交流中，我可以告訴各位，他們都想知道一件事：「這樣可以嗎？」你聽見我說的嗎？你瞭解我的意思嗎？我的話對你有任何意義嗎？（→「提問＋同理＋傾聽＋了解＋尊重」的力量）

我知道你們現在或許有些焦慮，對即將離開舒適的大學校園，讓哈佛頭銜接受檢驗感到遲疑。但無論你們在人生道路上可能面臨何種挑戰、挫折或失望，你將發現真正的成功和快樂，只要你堅守一個目標，確實只有一個，那就是「盡力展現真正的自我」。

你必須充分發揮人性光輝，藉由你的能量，幫助自己、家人及周遭的人。神學家霍華·瑟曼做了最好的詮釋，他說：「別問這個世界需要什麼，自問什麼事讓你充滿熱情，然後著手進行，因為這個世界需要充滿熱情的人。」（→「提問＋了解＋熱情＋真誠＋鼓勵」的力量）

你們不時會遇上阻礙、遭受挫折，請相信，這是無法

避免的事，別懷疑，你將對人生感到疑惑，你將感到無所適從。但我知道，只要你願意傾聽，接受「內在導航系統」的指引，找到使你充滿熱情的人生目標，你將安然度過一切。你將感到快樂，你將獲得成功，你將使世界有所不同。恭喜2013年畢業生，恭喜各位的親朋好友。祝好運，感謝聆聽！

（→「正向＋傾聽＋自省＋了解＋鼓勵＋感恩」的力量）

這樣可以嗎？（Was that okay？）**（→「邏輯」的力量）**

前後呼應的梗，演講最後畫龍點睛的神來一筆，讓聽眾恍然大悟、細細品味、深刻自省、讚嘆不已。脫口秀女王的上臺表達力，你學會了嗎？

✊ 上臺前的準備

一般人上臺表達的痛點包括：害怕丟臉，不敢上臺；說不清楚，講不明白；只有恐懼，沒有重點；目光呆滯，語無倫次；手足無措，心神喪失。

上臺前應該問自己的三件事：

1. 我能為臺下的聽眾解決什麼問題？
2. 我希望臺下的聽眾聽完之後怎麼做？
3. 如何增加我對臺下聽眾的表達影響力？

■ 上臺表達輪：

圓心是 0 分，圓周是 10 分，算算自己得幾分？

■ 上臺表達三要素：

73855 法則，「面對面溝通」的影響程度比重。

1. 文字語言，表達內容。（7%）

2. 聲音語調，抑揚頓挫。（38%）

3. 肢體動作，面部表情。（55%最重要）

■ 打開聽眾心門的八把鑰匙：

微笑、親和、破冰、提問、需求、價值、創意、故事。

■ 上臺表達力的八個祕密：

1. 情感融入。

2. 音量的大小適中。

3. 語調的高低起伏變化。

4. 咬字清晰。

5. 講話速度的快慢得宜。

6. 清晰、簡潔、有力。

7. 韻律節奏、抑揚頓挫、停頓加重。

8. 臉部表情與肢體動作。

■ **上臺表達練功心法：**

「外在形象」包括：外表、儀態、走位、談吐、聲音、眼神、手勢、手機（關機或靜音）。

「內在對話」有三個重點：

1. 讓自己清楚明白：只會成功，不會失敗。

2. 想想以前成功的例子，幫自己加油打氣。

3. 對未來充滿希望、正面、積極的想法。

■ **上臺表達的 3 個 P：**

1. Passion（充滿熱情）：熱情來自於你喜歡、真心想分享、願意幫助他人更好。

2. Preparation（充分準備）：熟能生巧，盡我所能。

3. Position（講者定位）：面對不同的聽眾，講者有不同的講述方式。（面對長官、部屬、學員、客戶或一般大眾，表達方式或內容往往有所不同）

■ **上臺表達力的三大關鍵點：**

1. 保有上臺的自信和勇氣。

2. 精彩表達的技巧與邏輯。

3. 有備而來才能精彩上臺。

「溝通表達勝經」的內容重點，你學會了嗎？「Was that okay？」（這樣可以嗎？）

Q A 問問自己，聆聽內在小聲音

1. 我認為「上臺表達」必備的能力是？我，憑什麼上臺？
2. 如果我能學會上臺演講表達，對於工作或生活會有幫助嗎？
3. 這一篇哪段話或哪個故事最打動我，讓我有即刻改變的念頭？
4. 從今天起，我要怎麼做，才能在溝通或表達時，有效運用「上臺的力量」，讓自己更好？我的行動承諾是：＿＿＿＿＿＿＿＿＿＿

31

練習的力量

　　周星馳的經典好片《九品芝麻官》，相信許多人都和我一樣看了無數遍，其中有一段男主角包龍星與鳳來樓老闆娘的對罵相當經典。當他看到老闆娘將競爭對手——烈火奶奶罵到七竅生煙、毫無回嘴之力，大喊一聲：「厲害！」就開始偷學模仿老闆娘，發奮苦練「吵架必勝的表達力」。

　　一開始只見包龍星手指著大海狂罵無效，但他不放棄，站在凳子上，苦練用牙齒咬緊舉起二十斤重的秤砣；吐舌吹熄一排蠟燭，邊練邊學，邊學邊練，漸漸能用牙齒咬住木棍舉起兩張椅子，並罵直彎木、把死人吵醒，最終將整排蠟燭吹斷，並把大海裡的魚蝦螃蟹罵出水面，激起浪花，大功告成。挑戰老闆娘和一眾高手時橫掃千軍，成為當之無愧的「吵架王」。這就是練習的力量！

　　古人說：「學無止境。」、「學海無涯，唯勤是岸！」今人說：「天才和庸才的差異不在於天分和基因，而在於刻意練習！」道理大同小異、異曲同工。如同我的前一本書《超業筆記》所寫，超業不是天生的，而是透過「苦練苦練再苦

251

練」、「堅持堅持再堅持」、「進步進步再進步」而來的，想要有效溝通、精彩表達，經驗與練習絕對是不二法門。

你得很努力，才會看起來毫不費力。頂尖的爵士樂手，在千錘百鍊後的即興演出，都是真功夫，各行業、各領域皆是如此，天下沒有一蹴可及的成就，只有細水長流的苦功。

✊ 上臺表達勝利方程式

好啦！本書要準備收筆了，你是不是跟我一樣有點依依不捨呢？最後，再分享五個「上臺表達的勝利方程式」，感謝一書相伴，讀到這裡：

1. 練習，練習，再練習！每次上臺表達，盡量至少演練三次以上，熟能生巧，勤能補拙，沒有最好，只有更好，對得起自己和聽眾就好。

2. 「Less is More!」少即是多！文字簡潔有力，把握機會，掌控時間，不能準時上臺，也要盡量準時下臺。準備一個好的開場，也要練習一個好的收尾，有頭有尾、有始有終，精彩表達，莫忘初衷。

3. 從對望的眼神、問答的態度、回應的熱絡、讚賞的掌聲，找到支持回饋的聽眾，增加你的自信和勇氣，越講越起勁。記住，我們無法滿足或討好所有人，但可以幫助到大多數人，相信自己，盡我所能。深呼吸，喘口氣，你是最棒的！

4. 至少提早 30 分鐘到演講現場，測試設備、熟悉場地環境。有時候，電腦和投影機是我們上臺表達時最大的敵人和風險，充分準備，坦然面對，保持微笑，盡力就好，觀眾能夠感受到。

5. 永遠記得：99％的聽眾都跟你是同一國的，希望你好好講，他們就可以好好聽、好好學，收穫滿滿、不虛此行。只要用心準備好，上臺表達沒在怕！

Q A 問問自己，聆聽內在小聲音

1. 面對重要的溝通或上臺表達時，我總是刻意練習，不斷練習？

2. 如果我能練習更多，準備得更充分，我的溝通會不會更順暢？表達會不會更精彩？

3. 這一篇哪段話或哪個故事最打動我，讓我有即刻改變的念頭？

4. 從今天起，我要怎麼做，才能在溝通或表達時，有效運用「練習的力量」，讓自己更好？我的行動承諾是：＿＿＿＿＿＿＿＿＿

結語｜坐而言不如起而行

籃球之神麥可・喬丹（Michael Jordan）說：「在我的職業生涯裡，有9000多次投籃沒能命中，輸了大概300場比賽。有26次，人們都相信我能命中制勝一球，但是我卻沒能命中。在我的一生中，我經歷了一次又一次的挫敗，但這就是我成功的原因。」

寫這本書，並非因為我是「溝通大師」或「表達專家」，而是希望將我人生路上、職場上、講臺上所有溝通表達成功的心法和技法，特別是無數次失敗的經驗和案例、自省後的學習成長，寫在這本書裡，與你分享。

希望幫助你在對的時間、對的場合跟對的人說對的話，正向思考、有效溝通、精彩表達，人生不長，少走冤枉路是好事。

溝通表達力的內容非常廣泛，還包括形象的力量、謙卑的力量、簡潔的力量……，我們無法一覽無遺、一蹴可幾、一步到位，但可以日起有功、循序漸進、專業精進。

「關鍵31力」，是按照每月31天，幫你框架出「每日一力」的讀書興趣與價值。言有盡而意無窮，不管多少字，無論多少力，有讀就有力，有練就會贏。

活在21世紀，科技日新月益，區塊鏈、元宇宙、人工智慧、AR、VR、NFT、虛擬世界、虛擬貨幣、機器人理財……，

突飛猛進的時代，想一想，為何一百多年前卡內基教我們的溝通與人際關係技巧，到現今依然受到肯定呢？因為溝通永遠很重要，溝通一直不好學，溝通總是學不好，明知故犯，知易行難——科技始終來自人性。

我常跟學員說，我寫的書，無論《談判力，就是你的超能力》或是《超業筆記：銷售力就是你的免疫力》，相信 10 年後依然有用可讀，這本書也是如此，除非到時溝通的對象是機器人或外星人，那就不是現在的我所能想像了。

我教的不是談判、銷售或溝通，我寫的是「人性」。了解人性，知彼知己；認真學習，每天力行；活在當下，心存感激；有效溝通，表達精進，叫你第一名。

溝通表達勝經，一開口就吸睛，有「用」才有用，坐而言不如起而行，Let's Go, Just Do it！

溝通表達勝經

溝通X表達X談判X銷售X服務X領導X團隊X正念，
談判溝通超業培訓師的關鍵 31 力

作　　　者／鄭立德
責 任 編 輯／許典春
企畫選書人／賈俊國

總 　編 　輯／賈俊國
副 總 編 輯／蘇士尹
編　　　輯／高懿萩
行 銷 企 畫／張莉榮・蕭羽猜・黃欣

發 　行 　人／何飛鵬
法 律 顧 問／元禾法律事務所王子文律師
出　　　版／布克文化出版事業部
　　　　　　臺北市中山區民生東路二段 141 號 8 樓
　　　　　　電話：(02)2500-7008 傳真：(02)2502-7676
　　　　　　Email：sbooker.service@cite.com.tw
發　　　行／英屬蓋曼群島商家庭傳媒股份有限公司城邦分公司
　　　　　　臺北市中山區民生東路二段 141 號 2 樓
　　　　　　書虫客服服務專線：(02)2500-7718；2500-7719
　　　　　　24 小時傳真專線：(02)2500-1990；2500-1991
　　　　　　劃撥帳號：19863813；戶名：書虫股份有限公司
　　　　　　讀者服務信箱：service@readingclub.com.tw
香港發行所／城邦（香港）出版集團有限公司
　　　　　　香港灣仔駱克道 193 號東超商業中心 1 樓
　　　　　　電話：+852-2508-6231 傳真：+852-2578-9337
　　　　　　Email：hkcite@biznetvigator.com
馬新發行所／城邦（馬新）出版集團 Cité（M）Sdn.Bhd.
　　　　　　41，JalanRadinAnum，BandarBaru.SriPetaling，
　　　　　　57000KualaLumpur，Malaysia
　　　　　　電話：+603-9057-8822 傳真：+603-9057-6622
　　　　　　Email：cite@cite.com.my
印　　　刷／韋懋實業有限公司
初　　　版／2023 年 1 月
定　　　價／380 元
I S B N／978-626-7126-94-3
E I S B N／9786267126950(EPUB)

城邦讀書花園　布克文化
www.cite.com.tw　www.sbooker.com.tw